U0611725

恰到好处的做人方式

做人方式

何菲鹏 编著

决定做人输赢的尺度与分寸

的

中国华侨出版社

图书在版编目(CIP)数据

恰到好处的做人方式 / 何菲鹏编著.—北京：中国华侨出版
社,2010.10

ISBN 978-7-5113-0775-0

Ⅰ.①恰… Ⅱ.①何… Ⅲ.①人间交往–通俗读物
Ⅳ.①C912.1–49

中国版本图书馆 CIP 数据核字(2010)第 200234 号

恰到好处的做人方式

编　　著 / 何菲鹏

责任编辑 / 尹　影

责任校对 / 吕　宏

经　　销 / 新华书店

开　　本 / 787×1092毫米　1/16 开　印张/16.5　字数/310 千字

印　　刷 / 北京溢漾印刷有限公司

版　　次 / 2011 年 1 月第 1 版　2011 年 1 月第 1 次印刷

书　　号 / ISBN 978-7-5113-0775-0

定　　价 / 29.00 元

中国华侨出版社　北京市朝阳区静安里 26 号　邮编:100028

法律顾问:陈鹰律师事务所

编辑部:(010)64443056　　64443979

发行部:(010)64443051　　传真:(010)64439708

网址:www.oveaschin.com

E-mail:oveaschin@sina.com

前 言
preface

读书时，我们铭记老师和父母的教诲，废寝忘食、如饥似渴地啃书本、做作业，以期将来有一技之长，便于在社会上立足。可是，当我们面对纷繁复杂的社会却感到无所适从、怅然若失时，才蓦然发觉知识、能力只是一种外在的智慧，还有一种内在的智慧是在学校的课堂上无法学到的，那就是做人。

做人不但是件大难事，也是门大艺术。从普通平凡的人提升为不普通、不平凡的人，从不普通不平凡提升为超凡脱俗，再从超凡脱俗提升到鹤立鸡群，独领风骚，这就达到了"做人"的最高标准，最高艺术境界。

可是，现实与理想总是存在一定差距的，多数人总是与做人的标准相差甚远，如何缩短这个距离呢？这就要求我们必须在这种差距中找到正确的做人方式。掌握了正确的做人方式，就可以恰到好处地做人，达到做人的最高境界。

能够恰到好处地做人的人，其步履必然矫健而阔达，其事业必然顺理而成章，其人生必然恢宏而壮丽。

掌握恰到好处的做人方式，一定会让你改变观念、树立勇气、突破困

恰到好处的做人方式

境,达到少走弯路、少摔跟头、少吃苦头的目的,让你开始与众不同的新生活,让你开创人生的新境界。

本书案例与故事并讲,良言与忠告并存,将恰到好处的做人方式进行了透彻的分析,帮助你在是非场里出入逍遥,在顺逆境中纵横自在,开创人生的新局面。

世上没有一成不变的做人方式,能为你在做人中提升自己的品位,就是恰到好处的方式,而这一点,是不难掌握和做到的,相信本书能帮你走出这个阴影,带你走向阳光。

目　录
contents

第一章　恰到好处地坚守
做人要守住本分,不可越过底线

有记者在采访一位诺贝尔奖获得者时提了这样一个问题:"您在哪里学到了您认为最重要的东西?"

对方回答说:"在幼儿园里。在那里,我学到要诚实守信,不能讲假话,把自己的东西分一半给小伙伴,不是自己的东西不拿,做错事要表示歉意等做人的基本道德品质。不损害他人,不危害社会。这就是良心,是做人的底线。"

恰到好处的 做人 方式

第二章　恰到好处地进取

每天进步一点点，决不安于现状

每个人都必须始终坚持"以终为始"的原则，只有这样，才能使社会有条不紊，保持平衡。而对于每一个人来说，不论在工作中，还是在交际中，也都能因此而有所收获。

一个人倘若满足一时无忧无虑的生活而丧失了进取心，那将是一件悲哀的事情，其结局定会受到生活的惩罚。

第三章　恰到好处地竞争

面对竞争对手，多一分欣赏，少一分敌视

平凡的生活并不平凡，因为处处都有精彩。这些精彩，有自己的也有他人的，有朋友的也有对手的。当我们看到自己和朋友取得成功时，我们总是兴奋不已，努力为自己和朋友鼓掌喝彩。但对于对手的成功我们该怎样去面对呢？是嫉妒还是欣赏？是大声叫好还是不屑一顾？

成功人士之所以成功，就是能为对手叫好。

第四章　恰到好处地依赖

先依赖而后独立,别把依赖与独立分开

一个人活在世上,既不能像春天的蚯蚓、秋天的蛇一样的软骨头,也不能像风雨中的落花柳絮,找不到根基,而是要自立自强。

如果你依靠他人,你将永远坚强不起来,也不会有独创力。做人,要么独立自主,要么埋藏雄心壮志,一辈子老老实实做个普通人。

第五章　恰到好处地展示

才华不可不露,也不能露尽

一个人锋芒毕露,其人际关系不可能好。很多人都有这个毛病,到哪里都要变成焦点,别人讲话他要插嘴,对什么事情都有意见……这些都是锋芒毕露的表现。锋芒毕露不一定会出人头地,因为所有的人都会找机会把你的锋芒除掉。很多人年轻时有棱有角,后来却变得很圆滑,就是因为受了很多打击。

恰到好处的 做 人 方式

第六章　恰到好处地容忍

允许他人有缺点,但不能纵容

若想获得成功,就要广交天下人才,而百样米养百样人,每个人难免都有自己性格上的缺失,这就需要我们用全局性的目光来看待,不计较他人小节上的不检点。

在一个人身上,正直与憨傻、质朴与愚钝、耿介与狭隘、庄重与怠慢、机辩与放纵、诚信与拘谨,往往都是连在一起的,关键在于我们的着眼点在哪里。如果我们取其中的一个人身上美好的一面,对于他小小的疏失就不会介意。能做到这一点,我们就又从自己狭窄的人生格局里走出了一步。

第七章　恰到好处地对峙

与人僵持不可将对方赶尽杀绝，也不能用鸡蛋去碰石头

有句俗话叫做"但余方寸地，留与子孙耕。"这里的"方寸地"，就是留给自己生存与发展的"余地"。如果我们只知道趁风头正劲的时候盲目地开发，拼命地掠夺，无节制地浪费，那么，自己的路就走绝了。

福祸无门，唯自招之。无论任何时代，争强好胜，言行不谨，都很容易招来嫉妒和仇怨。

第八章　恰到好处地进退

风光之时要保全自己，该进则进，该退则退

人生于世，光懂得如何建功立业还不够，更要紧的是懂得保全自己。在我们的一生中，可能有风光一时、万人瞩目的荣耀，也可能会遭遇上天无路、入地无门的困窘。这就要求我们能够自如地把握好自己屈伸进退的节奏。知进退，可以使我们在面临人生大计的时候保持警醒，从而做出恰如其分的选择。

恰到好处的做人方式

第九章　恰到好处地分享

功劳分给大家享,同时也要给自己留一点

人人都喜欢舞台中央的位子,但是坐到这个位子上以后,烦恼也会随之而来。争功的、拆台的、看笑话的,种种人等,让你应接不暇。

面对成功的花环,我们应当引起警惕的问题是,第一,有成绩与大家分享,不可独享荣耀;第二,表现不要太完美,真实自然,才更有亲和力,也更有说服力。

第十章　恰到好处地定位

自己的位置不可摆得太高,也不能过矮

做人要保持谦逊,不能自作聪明,不要总以为自己比别人多一点智慧。巴甫洛夫说:“决不要骄傲。因为一骄傲,你们就会在应该同意的场合固执起来;因为一骄傲,你们就会拒绝别人的忠告和友谊的帮助;因为一骄傲,你们就会丧失客观方面的准绳。”

谦逊的目的,并不是使我们觉得自己渺小,而是为了更好地了解自己。在我们身边,那些成功的人都是谦逊的人,他们能给自己一个准确的定位。

第十一章 恰到好处地交往
与人交往要以诚相待,但不可过于亲密

什么是最真正的友谊? 友谊是一个人需要的,友谊是一个人必需的,友谊是一个人向往的,友谊是一个人在人的一生中不可缺少的。我们都渴望友谊,我们都珍视友谊,我们需要真诚、真心的朋友。有朋友的人生是幸福的人生。

第十二章 恰到好处地攀附
结交贵人以诚相待,切忌溜须拍马

人活着,要往上走。结交贵人,借力升腾,本来也无可厚非,只是在这个过程中,我们必须坚持以诚待人,善始善终。那种"溜须拍马、媚态十足"的嘴脸,"用人朝前,不用人向后"的小人作风,是做人的大忌。而且,此等不顾廉耻、易反易覆之人,最终也会落入大家的视线里,从此人人侧目。

恰到好处的做人方式

第十三章　恰到好处地交流
成人之美,不送人之恶

中国人有句古话:"成人之美,不送人之恶。"可以说,成人之美是美德中的美德。凡是成人之美的话,诸如激励人心、善良忠告等都是受人欢迎和尊重的。

反之,在与人谈话中,不但不成人之美,反而拆别人台,与人唱反调,不管别人说得对不对都要反对一下,使人家的兴致成为泡影,那就注定要遭人唾弃,朋友、同事多半会疏远他。

第十四章　恰到好处地倾诉
心里的话该说则说,不该说千万别说

人说话时,喜欢以"我"字开头。他们以为说得越多,就越能得到更多的关怀、支持和理解,所以就不分场合地表白自己、评议他人。

而事实上,如果一个人说得太多,他的底细就会过早地暴露,他的话反而不被重视。成熟的社会人,应该是"敏于事而慎于言"的。

第十五章　恰到好处地收放

得意之时不可忘乎所以,要能收能放

"风水轮流传",我们每个人都可能有因为表现出色而坐在聚光灯下的时候。

人生得意本是一件好事,也是你大展宏图的一个好的契机。但是这时候我们要明白,这个位子你能坐上去,别人同样也能坐上去,为了不使自己跌下来的时候太难看,得意之时更要学会夹着尾巴做人。

第十六章　恰到好处地使权

不可以权压人,要与下属"携手"完成工作

"一朝得了势,就把令来行",是典型的小人嘴脸。这种人没有想过,今天你得势,明天失势了如何?今天你占据主动,在你的高压之下,下面的人又会做何反应?

权力本是一把双刃剑,我们应当将其往好的方面引导。以你手中的权力为基础,平衡各方面的关系,整合各方面的力量,与人携手完成大业。

权力只是一时,而做人是一辈子的事。

第一章

恰到好处地坚守

做人要守住本分，不可越过底线

有记者在采访一位诺贝尔奖获得者时提了这样一个问题："您在哪里学到了您认为最重要的东西？"

对方回答说："在幼儿园里。在那里，我学到要诚实守信，不能讲假话，把自己的东西分一半给小伙伴，不是自己的东西不拿，做错事要表示歉意等做人的基本道德品质。不损害他人，不危害社会。这就是良心，是做人的底线。"

方式 ① 坚守做人的最高境界——忠诚

关键词：做人根本·忠诚·道德取向

适用情景：在工作、家庭、事业中，不知道该以何为道德取向时，可查看学习此方式。

一个真诚的人，他不仅说话做事不搞欺骗，而且还具备做人的最高境界——忠诚。

忠诚在做人问题上是有生命力的。例如，许多外国企业在用人之道中首选目标是考验员工的忠诚。一个不忠诚的员工，往往会把公司看成是福利机构，或是自己另谋高就之前的脚踏板、垫脚石。他工作没有责任感，公司的兴衰荣辱和他没有关系。这样的员工完全游离于公司利益之外，又如何谈得上忠诚呢？

在人类的道德取向上，无论是东方还是西方，忠诚都有融会贯通之处。西方人最鄙视说谎的人。一个孩子在成长过程中难免说几句假话，但他们的母亲认为这几句谎言会给他将来为人刻下烙印，为免于他将来受人唾弃，做母亲的会对孩子进行说理教育，让他们认识到说谎所产生的恶果，比如无人信任、使自己丧失信誉、难以在社会上立足等。东方人更是将忠诚视为为人的美德，称其为最有价值的"人格天条"。

现在图书市场上有一本畅销书《忠诚胜于能力》。这本书之所以畅销，关键之处就是它提出了"忠诚不仅是一种品德，更是一种能力"的新时代观。

忠诚有如下五项标准：

第一项标准：具有无私的奉献精神，在个人利益上不会斤斤计较。

第二项标准：勇于承担责任，有任务不推诿，工作出现失误不找借口。

第三项标准：总是站在公司的立场上开展行动，即使在无人知道的情况下，也会主动维护公司利益。

第四项标准：决不利用职权或职务之便为自己谋取私利。

第五项标准：忠诚不表现在口头上，而是拿业绩来证明自己是忠诚的。

一个人的忠诚之心表现为：

第一，忠诚于国家

前苏联的教育实践家和教育理论家苏霍姆林斯基说："忠诚于祖国，这是一种最纯洁、最敏锐、最高尚、最强烈、最温柔、最有情、最温存、最严酷的感情。一个真正热爱祖国、忠诚于祖国的人，在各个方面都是一个真正的人。"

在我国历史上，虽然有时世事不公，但像岳飞、于谦、林则徐等忠诚于国家的杰出人物，其高尚情操永远闪耀着光芒。这些人物虽曾蒙冤于一时，但最后还是得到了后人的公正评价，并受到后人的景仰。

第二，忠成于家庭

家庭是一个人的避风港，是一个人在工作之余休憩和恢复活力的地方。幸福的家庭是成功的基础，但是一定要切记，美好的家庭是自己兢兢业业创造出来的，它的成功在我们自己的手上。

第三，忠诚于公司

有家公司因为对手公司业务的红火而担心自己被挤出市场，虽然他们想尽了办法扭转公司的劣势，但还是没有一个万全之策让自己在商界占有一席之地。怎么办呢？后来，他们终于通过关系，派人接近对手公司的一名仓库主管，让他暗中出卖公司机密。这名主管在重金的诱惑下，利令智昏，将自己公司的内部机密，如产品库存数量、价格策略、营销渠道——泄露出去。在竞争中几个回合下来，原来那个如日中天的公司节节败退，最后元气大伤而宣告破产，而之先前的对手，却借着它破产的东风稳步发展。

　　这是一个典型的不忠诚的案例。这种不忠诚，就像一颗埋在企业里的定时炸弹，只要时间到了，就会将企业炸得片甲不留。因此，作为一位有职业道德的员工，上班需要坚守的准则是为可为之事与不为不可为之事；做人需要坚守的信条是决不选择良心的堕落。

　　说到底，忠诚的最大受益人还是我们自己，因为它能给我们十大回报，这十大回报是：

　　第一大回报：让你的才华有一个施展的天地，忠诚的人从来不会怀才不遇。

　　第二大回报：获取公司、老板、上司、同事对你的忠诚。

　　第三大回报：让你有一个稳定的工作，而不至于像不忠诚的人那样总是漂泊。

　　第四大回报：让你受到老板的重视，有机会成为老板重点培养的对象，从而获得晋升。

　　第五大回报：让你比不忠诚的人获取更多的物质回报。

　　第六大回报：让你分享公司的荣誉，并从内心深处体会到这份荣誉带来的快乐，而不忠诚的人根本不可能体会到它。

　　第七大回报：让你的能力、品质随着企业的发展而成长，让你的个人品德更具有价值。

　　第八大回报：让你在人才市场上更具竞争力，让你的名字更具含金量。

　　第九大回报：让你面临更多的机会。老板总是乐意把更多的机会给忠诚的人，忠诚的职员会被企业争相聘用。

　　第十大回报：让你工作精益求精，成为专家级人物。

　　在这个任何人都越来越无法脱离组织和团队的社会中，一个人没有忠诚就活不下去。一个丧失忠诚的人，不仅丧失了机会，丧失了做人的尊严，更丧失了立足之本。即使是那些从你身上获取好处的人，也会鄙视你、远离你、抛弃你。

　　身为士兵，不能为了保全自己而背叛战友，这是军人的格言。

恰到好处的 做人 方式

身为职员，不能为了个人私利而出卖公司，这是职场成功者的忠告。

忠诚作为一种能力，是其他所有能力的统帅和核心，因为如果一个人缺乏忠诚，他的其他能力就失去了用武之地——没有任何一个组织愿意使用一个缺乏忠诚的人。

方式② 把诚信作为做人的根本

关键词：做人根本·诚信·以诚换诚

适用情景：想要别人对你讲诚信时，可运用此方式。

不管时代怎样发展，社会怎样变迁，诚信永远是做人做事的根本。

1969 年，美国著名的心理学家约翰·安德森在一张表格中列出了 500 多个描写人的形容词。他邀请近 6000 名大学生挑选出他们所喜欢的做人品质。调查结果显示，大学生们对做人品质给予最高评价的形容词是"真诚"。在 8 个评价最高的候选词语中，其中有 6 个和真诚有关，它们是：真诚的、诚实的、忠实的、真实的、信得过的和可靠的。大学生们对做人品质给予最低评价的形容词是"虚伪"。在 5 个评价最低的候选词语中，其中有 4 个和虚伪有关，它们是：说荒、做作、装假、不老实。

约翰·安德森这个调查研究结果在社会上具有普遍意义。生活中我们总是喜欢真诚、信得过的人，讨厌说谎、不老实的人。一个诚实的人，不论他有多少缺点，同他接触时，心神就会感到清爽。这样的人，一定能找到幸福，在事业上有所成就。这是因为以诚待人，别人也会以诚相见。

一个人只要真诚地待人处世，就容易获得他人的合作，甚至有人为你吃亏也不在乎。

大三下学期，才伟找了一份家教工作，辅导一个公司经理的儿子学习。

　　每次上课之前，他都像老师一样，一丝不苟地备好课，认认真真地写教案。只要是上课时间，不管刮风下雨，烈日酷暑，他都准时到达，从不延误。室友见他这么认真负责，都猜想他得到的报酬一定十分丰厚，没想到他说每小时才 12 元钱。大家一听，个个迷惑不解。有人说："你怎么这么傻？教高三课程，每小时最少得 20 元钱。"

　　"这我知道，"甘伟平静地说，"但我觉得拿 12 元钱比较合理。如果辅导得不好，我也不好意思拿那么多钱。如果辅导得好，就当做我的一次社会实践。"

　　"他父亲是大经理，有的是钱，你有必要搞扶贫助教吗？"又有人劝告他。

　　"话虽这么说，但我是以一个大学生的身份去做家教的，我首先必须对得起大学生这个光荣的称号。如果我敷衍了事那就损害了大学生的形象。"甘伟仍不改初衷。

　　在此后 3 个月里，甘伟为他的学生精心设计复习方案，耐心讲解辅导。他的学生也很争气，成绩逐步提高。

　　甘伟毕业后，被那个学生的父亲邀请到其公司工作，因为这位经理说公司需要甘伟那样不计回报、诚实做人的大学生。

　　本杰明·富兰克林说："一个人种下什么，就会收获什么。"甘伟的诚实得到了应有的回报。

　　真诚无私能使一个外表看起来毫无魅力的人具备以下几个方面的典型特征：

　　在对待现实的态度或各种社会关系方面，表现为对他人和对集体真诚热情、友善、富于同情心、乐于助人、关心和积极参加集体活动；对自己严格要求，有进取精神，自信而不自大，自谦而不自卑；对待学习、工作和事业，表现得勤奋认真。

　　在理智方面，表现为感知敏锐，具有丰富的想象力和高智商；在思维方面有较强的逻辑性，尤其是富有创新意识和创造能力。

　　在情绪方面，表现为善于控制自己的情绪，保持乐观开朗、振奋豁达的心境，情绪稳定而平静，与人相处时能给人带来欢乐的笑声，令人心旷神怡。

在意志方面，表现出明确目标、行为自觉、善于自制、勇敢果断、坚韧不拔、积极主动等一系列良好的品质。

真诚是财富，是最宝贵的财富。在这方面进行投资的人，可以获得丰厚的回报。虽然没有谁必须做一个富人或做一个伟人，也没有谁必须做一个智者，但是每个人都必须做诚实的人。

方式③ 与人坦诚相待

关键词：美德·诚实正直·真诚坦白

适用情景：想要赢得他人的信任时，可学习运用此方式。

人生中，无论做什么事都要抱着一种求真的态度。我们之所以追求真实的人和事物，因为它代表着最崇高的美德——诚实与正直。

美国著名的行为科学家丹尼斯·韦特莱博士说，所谓"因果定律法则"，无非是一个人的诚实与否、经过一段时间后所显示出来的结果。一个人若不能诚实地面对自己，就无法真正拥有成功。用蜡塑成的人或房子，在某些情况下会融化。内心不诚挚的人，最终必将显露真面目。而一个人若愿意把隐藏在自己内心深处的东西坦白地暴露给对方，就能很容易地走进对方的心灵深处。

美国道格拉斯飞机制造公司为了把一批喷气客机卖给东方航空公司，创始人唐纳·道格拉斯本人专程去拜访了东方航空公司的总裁艾迪·利贝克。利贝克告诉他说，道格拉斯公司生产的新型 DC—3 飞机和波音 707 飞机是两个竞争对手，但均有一个共同的毛病，那就是喷气发动机的噪声太大，并表示愿意给道格拉斯公司一个机会，如能在减小噪声方面胜过波音公司，就可以考虑与其签订合同。

当时这件事对道格拉斯公司来说，是一桩重要的买卖。但是，道格拉斯回去与他的工程师商量后，认真地答复利贝克说："老实说，我想我们没有办法去实现你的这一要求。"利贝克说："我想也是这样的，我这样做的目的，只是想知道你们是否诚实。"由于道格拉斯的诚实打动了利贝克，赢得了他的信任，他终于听到了一直期待的好消息："你将获得16500万美元的合同。现在，去看看你如何将那些发动机的噪声控制到最小的程度吧。"

从这个故事中能看出诚实是促使别人采取行动最有效的方法。我们可以设想一下，如果当时道格拉斯夸夸其谈，满口答应能将发动机噪声降低多少分贝，那将是什么样的结局呢？答案恐怕只有一个，那就是道格拉斯碰一鼻子灰，空手而归。因为这样做不仅违反职业道德，而且不起什么作用。空口答应丝毫不能跟真正的服务相比，并且它在今日竞争激烈的社会中也无立足之地。

没有什么能够掩饰真心和诚意。一个真诚坦白的人从不介意把自己暴露在别人面前，不介意让人观察和理解。虽然这么做需要勇气——因为一个人的弱点、错误、动机都将暴露在外，但是，一个愿意冒这样的风险达到坦诚境界的人也更容易获得他人的信任。

一个真诚的人对他所信任的人是不设防的，因为相互间的信任可以扫除沟通中的任何障碍。当你信任对方，敞开心扉的时候，对方反过来也会信任你，对你敞开心扉。

因此，只要做一个真诚坦白的人，凡事言行合一、坦诚对人，不介意别人知道自己的缺点和动机，就能赢得他人的信任。

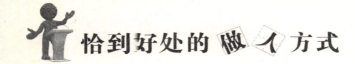

方式④ 用真情与他人沟通

关键词：真诚坦白·真情流露·心灵沟通

适用情景：真诚坦白仍无法赢得他人的信任时，需运用此方式。

做到真诚坦白会赢得别人的信任，但这还只是针对客观事物的态度，如果能够进一步地从主观感情出发，真正做到真情流露，用自己的激情感染他人，或者用自己的感情打动他人，那么，不但会得到他人的信任，而且会真正与他人建立起沟通心灵的桥梁。

人的真情流露应该是自发的、自然的、真诚的、不设防的，让感情毫无保留地经由言语、表情、体态呈现在他人面前。如果你能够以真情打动他人，上司会信任你，下属会爱戴你，同事会把你当做搭档，朋友会把你当做伙伴，因为你的真情也会"反射性"地激起他人对你的真情。

这种反射性的感情流露是有科学根据的。科学证明，在一起交谈的两个人会慢慢达到同样的心理状态（喜怒哀乐）和生理状态（体温、心跳等）。所以，不设防的、真心的情感流露会充分地证明你对别人的信任，同样，他们也会真心地信任你。

亚伯拉罕·林肯出身于一个鞋匠家庭，而当时的美国社会非常看重门第。林肯竞选总统前夕，在参议院演说时，遭到了一个参议员的羞辱。那位参议员说："林肯先生，在你开始演讲之前，我希望你记住你是一个鞋匠的儿子。"林肯看看他，没有表现出愤怒的样子，而是深沉地说："我非常感谢你使我想起我的父亲，他已经过世了，我一定会永远记住你的忠告，我知道我做总统无法像我父亲做鞋匠做得那么好。"听了林肯这一席话，参议院陷入一阵沉默中。林肯又转头对那个傲慢的参议员说："据我所知，我的父亲以前也为你的家人做过鞋子，如果你的鞋子不合脚，我可以帮你修补它。虽然我不是伟大的鞋匠，但我从小就跟父亲学到了做鞋子的技术。"然后，他又对所有的参议员说："对参议院的任何人都一样，如果你们穿的那双鞋是我父亲做的，而它们需要修理或改善的话，我一定尽可能帮忙。但是有一件事是可以肯定的，我无法像他那么伟大。他的手艺是无人能比的。"说到这里，林肯流下了眼泪，所有的嘲笑都化成了真诚的掌声。后来，林肯众望所归地当上了美国总统。

作为一个出身卑微的人，林肯没有任何贵族社会的硬件，他唯一可以倚仗的只是自己出类拔萃的扭转不利局面的才华，这是一个总统必备的素质。正是关键时刻的一次心灵燃烧使他赢得了别人，包括那位傲慢的参议员的尊重，成就了生命的辉煌。林肯在关键时刻的眼泪，让人们看到了他的铁汉柔情，赢得了最后的成功。

从林肯的例子可以看出，真心的话是发自内心的，任何人都可以感受到它的真诚。我们不是演员，无论进行多少次排练，这种真诚都是装不出来的。所以，大家不用刻意去预备一些"感人的话"，但是，要尽量敞开心扉，真诚地与人交流，说出自己心中的话。这样，就会很自然地感染你周围的人。

方式 ⑤ 一就是一，二就是二，决不口是心非

关键词：言行一致·坦荡无私·口是心非

适用情景：当要为对方指出缺点或错误时，需要运用此方式。

说话办事不能口是心非。口是心非，即表面对你百依百顺，而实际上则是我行我素；表面上说得天花乱坠，而内心则并非如此；嘴里称赞你，而内心则诅咒你。口是心非，对别人不真诚，会使人失去许多宝贵的东西。一位

恰到好处的做人方式

教育科长有一次在作报告时，被人问道："科长在百忙中出了不少作品，是否都是出自科长的大手笔？"这位科长答道："我的书，当然是我写的呀！"问话的人接着说："科长曾经提倡过'言为心声'以及诚实是办事的基本条件，前几天突然听别人说，您的书不少是别人捉刀代笔的，我们感到非常惊讶！但是，我们大家都不相信这件事是真的，在众说纷纭的情况下，只好来求教科长本人，请您别介意。"这位科长被人用鄙视、怀疑的口气质问，意思好像是他在睁着眼睛说瞎话，这可使他实实在在地出了一顿丑。

做人要做个真诚的人，办事要言行一致。林肯讲过："你能在所有的时候欺骗某些人，也能在某些时候欺骗所有的人，但你不能在所有的时候欺骗所有的人。'在工于心计、算计别人中度过一生，是很累、很痛苦的事。坦诚地做人，用一颗真诚的心去对待别人，才活得开心。

英国作家哈尔顿，他为编写一本名为《英国科学家的性格和修养》的书，采访了达尔文。由于达尔文的坦率人尽皆知，哈尔顿就毫不客气地直接问达尔文："您主要的缺点是什么？"达尔文回答："不懂数学和新的语言，缺乏观察力，不善于合乎逻辑地思维。"哈尔顿又问："您的治学态度是什么？"达尔文又答："很用功，但没有掌握学习方法。"听了这些直截了当的回答，谁能不为达尔文的坦率鼓掌呢？按理，像达尔文这样的大科学家，完全可以不痛不痒地说几句话，或为自己的声望再添几圈光环。但达尔文却能做到一是一，二是二，把自己的缺点毫不掩饰地袒露在人们面前，这种行为，必能换来真挚的信赖和尊敬。

历来人们都主张知人而交，对不很了解的人，应有所戒备，对已经基本了解、可以信赖的朋友，应该多一些信任，少一些猜疑；多一些真诚，少一些戒备。对可以信赖的人，真真假假，含含糊糊，是不明智之举。著名的翻译家傅雷先生说："一个人只要真诚，总能打动人的，即使人家一时不了解，日后便会了解的。"他又说："我一生办事，总是第一坦白，第二坦白，第三还是坦白。绕圈子，躲躲闪闪，反而容易叫人疑心。你要手段，倒不如光明正大、实话实说。只要态度诚恳、谦卑、恭敬，无论如何人家不会对你怎的。"虽然人总是不喜欢被批评，但当意识到批评者确实是为自己着想时，便能理解接受，使彼此的心灵得到沟通，友情得到发展。

做人要做个真诚的人，办事要言行一致。说真话，要坦荡无私，光明正大。一旦发现对方有缺点和错误，特别是对他的事业关系密切的缺点和错误，要及时地指出，督促他立即改正。

方式 ⑥ 欲取先予，以诚换诚

关键词： 以诚换诚·以心换心·欲取先予

适用情景： 当想要得到一位用全部身心帮助自己的朋友时，需学习运用此方式。

心理学家认为，每个人的内心深处都有不愿让人知道的一面，同时又希望获得他人的理解和信任，有开放的一面。然而，开放是定向的，即向自己信得过的人开放。如果你办事时能用诚信取代防备、猜疑，就能获得出乎意料的好结局。

美国小说家韦拉凯瑟说："真诚是每个艺术家的秘诀，而每位演说家都应当是一位艺术家，这是一个公开的秘诀，十分有效。这如同英雄的本领一样，是不能拿假武器冒充的。"

心理学家史威夫特讲过他遇到的一件事。

有一个亿万富翁为了测试别人对他是否真诚，就假装生病住进医院。结果，那个富翁说："很多人都来看我，但我看出其中许多人都是为了得到我的遗产而来的，特别是我的亲人。"

史威夫特问他："你的朋友来看你了吗？"

"经常和我有往来的朋友都来了，但我知道他们不过是当做一种例行的应

恰到好处的 做 人 方式

酬罢了。"

"还有几个平素与我不和的人也来了，我想他们肯定是听到我病重的消息，幸灾乐祸来看热闹的。"

照他的说法，他测得的结果就是：根本没有一个人对他有真正的感情。

史威夫特就告诉他："为什么要苦于测验别人对自己是否真诚，而从来不测验一下自己对别人是否真诚呢？"

真诚从来都是对等的，人心从来都是相互的。你对人真诚，人对你必定真诚；你对人欺诈，人对你也会欺诈。如果不养成诚信的习惯，就很容易在人际交往中失去别人对你的信任。当一个企业第一次撞破诚信底线，从欺骗一个顾客中尝到甜头时，在利益驱动下它会为了更大的利益去骗更多的顾客；当一个员工第一次报了假账后，他就会习惯性地继续报假账，而且，数额会越来越大；当一个学生第一次考试作弊成功后，他就会习惯性地作弊，甚至找"枪手"代考。

"从善如登，从恶如崩"。从长远来看，由"小恶"发展到"大恶"就像走下坡路一样，如果不及时纠正，很快就会滑入深渊；反之，从"大恶"回归"诚信"就象是在爬陡峭的山坡，一定是一件非常吃力的事。

真诚不仅取决于你自身的素质与品德，而且还要靠自己去主动表现。下面介绍的方法，可以使你塑造诚实可靠的形象。

方法一：坦率回答问题

有不少人不肯承认自己对某个问题不了解，反而装出一副在行的样子。实际上，对于自己不知道的事情，坦率地说不知道，可以给人以正直、诚实的强烈印象。而且，勇敢地说"不知道"，也就显示出你对其他事情必然是知道的，这种自信在不知不觉中就会传达给对方。

方法二：提前到达约定地点

约会时必须遵守预定的时间，这是常识。如果是你主动提出的约会，最好提前到达约定场所。因为诚实和信赖感是在守时和不让对方等待中产生的。

方法三：失误后不辩解

不要为自己的失误辩解，而应诚恳地道歉，然后提出弥补过错的方法。即使对无法挽救的事情，也要尽量减少损失的程度。这样可以表现出你强烈的责任感和诚意，令人刮目相看。

以诚待人，能够获得人们的信任，发现一个开放的心灵，争取到一位用全部身心帮助自己的朋友，这就是用真诚换来真诚。

方式 7 以讲信用、守承诺为做人原则

关键词：讲信用·坦诚·遵守诺言

适用情景：为人不论何时，都要学习运用此方式。

莫里哀说："一个人严守诺言，比守卫他的财产更重要。"从这句话我们可以看出讲信用、守承诺对一个人的重要性。

所谓讲信用，就是要在一定的时间范围内说话算数，遵守诺言。一个人讲不讲信用是他有没有良好人际关系的关键，这关系到你为人的原则，从而影响到人际关系的好坏。不管怎样，有一点值得肯定，那就是一个讲信用的人必定是一个坦诚的人。

在这个"人往高处走，水往低处流"的社会，越来越多的理由让职业人士丧失自己的信誉——为了更好的待遇、为了更高的职位、为了实现自己远大的"理想"，他们不仅频频跳槽，而且动辄连泥带根地拉走原公司的人马，或者怀揣原公司的"重大机密技术"投奔新主而去。可见，信誉危机已经成为社会普遍关注和亟待解决的问题。

李明是一家杂志社的发行负责人，由于一些原因，他准备辞职离开原单位。北京一家出版社向他发出了邀请，并且以其原来薪金的数倍作为薪酬，

恰到好处的 做 人 方式

但是条件很苛刻——让他带走他在原单位的得力下属及大客户。李明断然拒绝了，他知道这样做会使自己陷于不义之中。杂志社老总知道这件事后，没有以升职、加薪的承诺挽留他，而是对他说："今后，无论你去哪里，我都会为你写一封推荐信。"事情传开后，李明赢得了大家的赞誉，邀请他加入的公司也越来越多。按照他们的说法，职场信誉是一件无价之宝。

我们处在变革的时代，各种欲望一刻不停地鼓动着我们。路上的风景总是优美的。但是，上路的成本肯定是巨大的：花了我们太多的时间和精力，不断上路，不断从终点又回到起点，一切成绩不断归零。固然，跳槽是一个人实现自我价值的手段，但是现在却演变成不负责任的儿戏，变成了为达目的不顾一切的疯狂行动。

作为员工，应该对企业或公司讲信用、守承诺，同时，身为公司或企业的老板，要想使员工更卖力地工作也要讲诚信。暂且不论公司的形式或体制是什么情况，在老板的心里，保持着"请你这样做"这种诚恳的态度能使所有的员工更加勤勉。如果是拥有一两万名员工，这样做还不够，必须有"请你帮我这样做"的态度；而拥有5万名员工时，甚至更要以"两手合十"这种态度，否则部下很难发挥其优点而更卖力地工作。

人们对台湾台塑集团董事长王永庆的成功很感兴趣，当被问及什么是他创造了亿万财富的秘诀时，王永庆答道："我啊，其实长得也不英俊，最要紧的是诚信待人。如果你失去诚信，你周围的人迟早会离开你。一个企业不只是靠一个人，是靠大家的。单单你一个人，再有能力也没有用。历史上项羽力能扛鼎，非常能打仗，但最后还是失败了。这就告诉你，一个人再有魅力，也成不了事。你要以诚待人，有好的管理，有好的人员，有好的制度，每个人都帮你的话，你一定能成功。"

诚恳是一切人性的优点和基础。它本身要通过行动体现出来，要通过说话展现出来。它意味着值得信赖，能让人确信它是可信的。当人们认为一个人可信的时候，他就是一个坦诚的人。也就是说，当一个人说他知道某件事时，他确实知道这件事；当他说他将要去做某件事时，他的确能做而且做了这件事。因此，值得信赖是赢得尊重和信任的通行证。

一个讲信用的人必定是一个坦诚的人。一个人讲不讲信用是他有没有良好人际关系的关键，这关系到你为人的原则，从而影响到人际关系的好坏。

方式 ⑧ 诚实守信，决不失信于人

关键词：诚实守信·取信于人·做人根本

适用情景：与人交往、要想取信于人、得到别人的信任时，先查看学习此方式。

处世为人之道，大概没有比诚实守信、取信于人更为重要的了。你的言行举止，时刻不可放弃了这条原则。与人交往时，只要有这个根本存在，只要别人还信任你，你其他方面的缺陷或许还有弥补的机会，若失去了这个根本，别人不相信你了，别人就不愿再与你共事，不愿再与你打交道。

有个大富翁，渡河的时候翻了船，大喊救命。一个船夫听到喊声，划着小船去救他。船还没到，大富翁说道："快来救我！上了岸我给你 100 两金子，我有的是钱。"船夫把他拉上船，送他上岸，富翁只给了那船夫 10 两金子。船夫说："方才你说给我 100 两金子，如今才给 10 两，怎么能这样？"

大富翁听了斥责道："你不过是个船夫！一天才能挣多少钱，现在一下子就赚了 10 两金子，你还不满足？再啰嗦，连这 10 两都没有！"船夫沉默不语，摇摇头走了。

不料，过了一个月，大富翁乘船顺江而下，船撞在礁石上翻了，他又落水了。刚好船夫在岸边钓鱼，听到大富翁喊救命，他动也不动。有人问他："你为什么不去救他？"船夫回答说："这就是那个没有信用的人。"听了船夫的话，没有一个人去救，最后大富翁淹死了。

恰到好处的做人方式

正如电脑缺少了硬件和软件无法正常工作一样，一个人在为人上丧失了诚实和信誉，也难以取得成功。富翁失信于人终于付出了大代价。

失信于人、说话不算数、许诺不兑现，意味着你丢失了为人起码的品质，意味着在别人眼中你失掉了为人的信誉。这个损失多么惨重，你当然会掂量得清清楚楚。

有位知名的学者曾讲过这样一个故事，说是一名赴德留学生在毕业时成绩优秀，他决定留在德国找工作。在拜访许多大公司后，他都被友好地拒之门外。留学生最后只得去一家小公司求职，但也照样被礼貌地拒绝了。

这下，留学生不干了，他大声地对这家公司的人事经理说："你们这是种族歧视，我要控告你们……"对方还未等他把话说完，便对他说："请您小声点，我们去别的房间谈谈好吗？"两个人走进隔壁一间空房，小公司人事经理递上一杯水之后，从留学生的档案袋里拿出一张纸。这是一份记录，上面记录有留学生乘坐公共汽车时曾经 3 次逃票。留学生看后十分惊讶，也十分愤怒，心里不禁嘀咕，"就为了这点小事而不肯聘用我，德国人也太小题大做了。"

说到这里，知名学者列举了一组数据，称德国人抽查逃票被查到的概率通常是万分之三，即你逃票一万次，只有 3 次可能被发现。那位留学生居然被查出 3 次逃票，一向以信誉著称的德国人对此自然不会等闲视之。

《没有信誉就没有一切》的文章中说："一个成熟的社会，一个有力量的社会，不但要考虑每一个人，而且还要为他们建立必要的档案。这个必要的档案并不是黑档案，而是能够向有关方面证实你的可信度。这样，银行才可以借钱给你，商人才敢与你做生意，别人才能与你合作，公司才好聘用你，当然你也可以分期付款购房购物……只要有证据表明你是一个信誉良好的人，信誉就是你的通行证，你就可以受人尊敬地通行于这个文明社会。如果你不讲信誉呢？只要你欠钱不还，或者你乘车逃票、撕毁合同、偷税漏税、化公为私、说谎欺骗人，总之，只要你有一次不讲信誉，你就会上了没有信誉者的黑名单，你就会失去许多许多的机会。银行当然不可能借钱给你，再没有人愿意跟你合作，邻居都要躲着你，哪家公司都不愿雇用你，自然也就没有人愿意跟你做朋友，你在这个文明社会就难以立足。"

"人无信不立"，"人而无信，不知其可"。现代社会是信誉社会，对于个人来说，信誉代表着形象，代表着人格。要想在形象和人格上获得依赖和尊重，就需要树立个人的可信度。从这一点上说，就不难发现为什么德国人会将逃票这样的小事看得比天还大，就是因为他们相信，一个人连几毛钱的蝇头小利都贪，谁还能指望他在别的事情上值得信赖呢？

人之所以失败绝不是因为没有才能或运气不好，而是由于轻视小事这个恶习。轻视小事不会产生信誉，没有信誉就无法生存。

如果你损失了一些钱，你并没有损失什么；如果你失去了一些朋友，你失去的可就多了；如果你失去了信誉，那一切都完了。

方式 ⑨ 不要以为"没有人知道"就去做亏心事

关键词：清白做人·道德底线·亏心事
适用情景：当在一件损人利己的事上犹豫不决时，需学习运用此方式。

俗话说："认认真真做事，清清白白做人。"前一句话几乎包含了各种层面的人生活动，比如做官、种田、教书、打仗等等；后一句话则强调，无论做什么事，都要"对得起天地良心"，于人于己问心无愧，无论处于何种人生情境，无论是别人知道还是别人不知道，做人都要珍视"人"这个崇高的称号，必须保持个人品德的纯洁无瑕。

天下的坏人可以分为两种：一种是以为别人不知道所以干了坏事；另一种是知道别人知道，却仍然明目张胆、"无所畏惧"地干坏事。前者尚有良心未泯，后者就是肆无忌惮了。

《后汉书·杨震传》中记载了一则"杨震四知"的故事。

恰到好处的做人方式

东汉时期，杨震奉命出任东莱太守，中途经过昌邑，昌邑县令王密是由杨震推荐上来的，这天晚上，王密怀揣10斤黄金来拜见杨震，并献上黄金以感谢他昔日的提拔。

杨震坚决不收，王密说："黑夜没有人知道。"杨震却说："天知、地知、你知、我知，怎么说没有人知道呢？"

这则故事不仅涉及拒收贿赂的问题，在实际生活中，有多少的小人、奸人、恶人，不都是借着"黑夜没有人知道"的掩护，干下了大大小小的罪恶勾当吗？可是，那些在黑暗中干着不可告人勾当的人，不要以为自己在行动时别人不知晓，其实，天上地下的神明正睁着大眼睛看着你呢！当然，对于那些干坏事肆无忌惮的人，等待他们的将是法律的制裁、冰冷的铁窗。

在一个人行动之前，良心起着审查和指令作用；在行动中，良心起着调整和监督作用；在行动后，良心对行动的后果进行评价和反省，或者满意或者自责，或者愉快或者惭愧。一个人做人能做到问心无愧，能在良心的引导下做事，大致上就可以高枕无忧了。所以俗话说："为人不做亏心事，半夜不怕鬼敲门。"反之，就会因做亏心事而紧张不安，甚至酿成大祸。

一个开出租车的小伙子，长得很帅，平常也表现不错，是一个比较好的的哥。可是一念之差犯了错误，酿成了大祸。一次，他去一个加油站加了38元钱的汽油，由于人多主人忙，他钻了个空子，未付钱就偷偷跑掉了。由于做了亏心事，思想老紧张，结果，没出3天他的车撞在了一辆小车的屁股上，弄了个车坏人伤。修车治伤花了将近2000多元，一个多月没有出车，内外损失。更重要的是精神上受到了极大的刺激，像没了魂似的，自己也非常悔恨。

案例中的小伙子因为做了亏心事，心理总不平衡，思想老处于恍惚状态，出事是迟早的事情。

可见，人活在世上不能光想到自己，要予人方便自己方便，更重要的是不能做损人利己的亏心事。一个人的文明行为不是做给别人看的，而是一种操守，是人内心的修炼。没有监督下的坚守原则，才是一个人真正的道德底线。而这种道德的底线，需要每个人自觉坚守才行。

方式 10 该做的事一定要做好，不该做的事决不去做

关键词： 做事·当取则取·当舍则舍

适用情景： 当不知什么事该做、什么事不该做时，需学习运用此方式。

在大千世界中，有许多我们愿意、而且应该做的事。同时，在有些时候、某些情况下，许多事情是我们必须做的。哪怕是一生只能做一次，哪怕因此而中断了自己生命的延续，我们都必须不顾一切地勇往直前。这些事大到国难当头为国捐躯，小到为朋友赴汤蹈火两肋插刀。

与此相反，在这个世界中，有许多我们不必、而且不该做的事。同时，在有些时候、某些情况下，有些事情即使刀架在脖子上也不能干。比如，出卖国家或朋友。

自然，在大千世界中，也有许多我们可求也该求的东西，有许多我们不可求也不该求的东西。因此，我们有必要在这里做出选择。

1948 年，朱自清的胃病越来越重。这天，朱自清正在家里躺着，吴晗来到他家，递给他一份抗议美国扶日政策并拒绝领取美援面粉的宣言书。朱自清看了，不说话，只是颤颤地提起笔，在宣言书上签上了自己的名字。不到两个月，朱自清便逝世了。朱自清的胃病，对食品是必须严格选择的，在那时候面粉是不可多得的好食品，如果他不签字，别人也能理解，但他还是签了，虽然他的死并不一定仅仅因为这些。我们可以想象，他忍受不了美国面粉的侮辱性，却忍受了病痛的剧烈折磨，这种选择显然是他自己的取向。

亚圣孟子曾说过，不要我所不要的东西，不干我所不干的事。求我所必求，为我所必为；当取则取，当舍则舍，如此而已。我所不要的东西，既包括我们不该要的东西，也包括我们不必要的东西。不该要的东西不要，比如，

恰到好处的做人方式

来路不明的不义之财；不必要的东西也不要，比如，脱离实际的浮名虚荣。不该要不必要的东西，如果要了，人就变成了外物的奴隶，本来受人驱遣被人役使的外物便转而控制了我们自己。更有甚者，贪小利而忘大义，派生出不满的欲壑，长出吞象的蛇心，最终会一个跟头栽进万劫不复的深渊。

相同的道理，不干我所不干的事。干不可以干的事，往往会损害别人，会被千夫所指，会受到制裁。即使不受制裁，稍有良知，也会日不安夜不宁，问心有愧；良知即便全失，也免不了担惊受怕，饮食难安，夜不成寐。干不愿干的事，就必须勉强自己，甚至要强迫自己，不能随心所欲，也无法尽心竭力，虽是举手之劳，也会觉得苦不堪言。事情干不好不说，严重的还会因此扭曲了自己、改变了自己，最终失去了精神的舒展和心灵的自由。

话又说回来，不要自己不要的东西，不干自己不干的事，说说容易，真正做起来其实很难。比如，现在有人正巴巴地送来了礼，要还是不要，就可能十分地伤神费心。这里，不但有关系自己切身利益的取舍，同时还要顾及人情面子、人际关系。说到底，我们都是凡人，是凡人就难以超凡入圣。

这里的关键，只怕还在于我们自身。一句话，当取则取，当舍则舍。只要来得正，黄金美玉不嫌重；来路不正，一瓢一饮也不轻。

不要我所不要的东西，不干我所不干的事。求我所必求，为我所必为；当取则取，当舍则舍，如此而已。

第二章

恰到好处地进取

每天进步一点点，决不安于现状

　　每个人都必须始终坚持"以终为始"的原则，只有这样，才能使社会有条不紊，保持平衡。而对于每一个人来说，不论在工作中，还是在交际中，也都能因此而有所收获。

　　一个人倘若满足一时无忧无虑的生活而丧失了进取心，那将是一件悲哀的事情，其结局定会受到生活的惩罚。

方式11 与时俱进,不被时代所淘汰

关键词:与时俱进·淘汰·更新

适用情景:当一个人不求上进、得过且过时,需要学习运用此方式。

成功者做人的信念是:"天天有事做,月月有钱花,年年有进步。"天天有事做就能为个人、为家庭、为社会有所贡献;月月有钱花就不会为每月的生活费、水电费和电话费而烦恼了;年年有进步就不至于被前进的时代所淘汰,跟得上社会的步伐。这三句话听起来似乎很平常,实际做起来却并非易事,特别第三句是关键。如果不能做到年年有进步,就有被淘汰出局的危险,因为时代在一年年发展,个人、家庭怎么能年年依旧呢?满足于年年依旧的人肯定是不求上进、得过且过的人,这种人最终必定会被社会所淘汰。

有个富翁去海边旅游,见一渔夫悠闲自在地躺在沙滩上晒太阳,富翁问:"天气这么好,无风无浪的,你怎么不下海捕鱼?"渔夫说:"我捕一天鱼能吃五六天,衣食无忧,挣太多的钱有啥用?"富翁说:"成了大款,你就可以舒舒服服晒太阳了。"渔夫笑道:"我不是已经舒舒服服晒太阳了吗?"富翁无言以对,怏怏不乐地走了。3年后,富翁又来到海边,有个乞丐伸手向他乞讨:"先生,行行好,可怜可怜我,给点儿吃的吧!"

富翁一怔,认出这个乞丐正是3年前那个舒舒服服晒太阳的渔夫。富翁问:"你怎么会落到这步田地了呢?"

渔夫也认出了富翁,羞愧地低下头,他长叹一口气后说:"先生,我真后悔当初没听您的劝告,我目光短浅,太容易满足。这几年,捕鱼的人多了,人家用的是高科技捕鱼新设备,我那小破船小破网再也捕不到鱼了。"

一个人倘若满足一时无忧无虑的生活而丧失了进取心,该是多么的悲哀,

恰到好处的 做 人 方式

其结局定会和渔夫一样，受到生活的惩罚。

孔子说："君子从时。"我们的时间每时每刻都在"滴答滴答"地向前走，我们周围的事情每天都在发生变化，我们所处的社会形势每天也都不同，世界上的新事物也是层出不穷，所以我们不要有一劳永逸的想法，也不能固守某一理论，自认为是永世不变的真理。安于现状、墨守成规的人，终将被社会所抛弃。

万事万物始终都处在新陈代谢、替换更新之中。因而，我们的知识、思想也应该处于不断地更新之中，今天应该比昨天进步，明天应该比今天进步，每一天都有进步，每一年都有进步，才能不断地更新自己。就像机器，长期使用却从不更新，就会变得老化，失去原来的功能。

我们要不断地更新自己。我们的身体每天都在进行新陈代谢，我们的知识、我们的社会经验、我们的智慧也应该每天得到更新。一天不洗脸，一个星期不洗澡，我们会觉得不舒服，但更重要的头脑中的更新，却容易被我们忽略。

古人有"吾日三省吾身"之说。在我国宋代，有个叫做瑞严的和尚，他每天都要自己问自己："你头脑清醒吗？"然后自己回答说"清醒"，这样才算安心。他这样的自我警醒、细细追问自己的灵魂，得到了朱熹和张岱的肯定。

我们不应该拒绝变化，也不可能阻止变化，我们只能欢迎变化的到来，排除我们思想中已经过时的旧观点、旧习惯，为新思想的产生创造条件。

方式 ⑫ 不断地学习,不断地进步

关键词: 学习·成功·进步

适用情景: 当工作或生活无法适应社会的发展时,需要学习运用此方式。

华人首富李嘉诚曾经说过,不会学习的人就不会成功。他认为人生就是一个学习的过程,直到今天他仍然在坚持不懈地学习,仍然坚持从中英文报刊上吸收各种知识。

长江实业的一位高级职员曾经将一篇有关李氏王国的翻译文章送给李嘉诚看,李嘉诚一看便说:"这不就是《经济学家》里面的那篇文章吗?"原来,李嘉诚早已看过这篇文章的英文原文了。

李嘉诚的阅读非常广泛。他希望通过不断地学习来陶冶自己的性情。李嘉诚曾说:"一般而言,我对那些默默无闻、但做一些对人类有实际贡献的事情的人,都心存景仰。我很喜欢看那些人物的书。无论在医疗、政治、教育、福利哪一方面对全人类有所帮助的人,我都很佩服。"

美国职业专家指出,现代社会职业半衰期越来越短,所有高薪者若不学习,不用 5 年就会变成低薪者。就业竞争加剧是知识折旧的重要原因,据统计,25 周岁以下的从业人员,职业更新周期是人均一年零四个月。当 10 个人中有 1 个人拥有电脑初级证书时,这 1 个人的优势是明显的,而当 10 个人中已有 9 个人拥有同一种证书时,那么他原有的优势便不复存在。未来社会只有两种人:一种是忙得要死的人,另外一种是找不到工作的人。

可见,要想在竞争激烈的现代职场上站住脚,永远立于不败之地,就应该不断学习,不断更新自己,提升自己的能力,成为职场中永远的佼佼者,否则,你将会被列入公司裁员的名单之中,被淘汰的命运说不定哪天就降临

恰到好处的做人方式

到你头上。

所以，学习应该是一个人一生坚持的事情。

年轻的彼得·詹宁斯是美国 ABC 晚间新闻当红主播，他虽然大学都没有毕业，但他把事业作为自己的教育课堂。当初他当了 3 年主播后，毅然辞去人人羡慕的主播职位，决定到新闻第一线去磨炼，干起记者的工作。他在美国国内报道了许多不同路线的新闻，并且成为美国电视网第一个常驻中东的特派员，后来他搬到伦敦，成为欧洲地区的特派员。经过这些磨炼后，他重新回到 ABC 主播台的位置。此时，他已由一个初出茅庐的年轻小伙子成长为一名成熟稳健又广受欢迎的记者。

可见，通过在工作中不断学习，你可以避免因无知滋生出的自满，从而避免损及你的职业生涯。专业能力的提高和保持，需要不断提升技能组合以便于与学习能力相配合。所以，不论是职业生涯的哪个阶段，学习的脚步都不能停歇，要把工作视为学习的殿堂。这样才不会使自己落在时代的后头。

当今世界正处于一个知识爆炸的时代，把握住最新的知识与信息，就是把握住了一个个机会。而获得这些知识的唯一途径，就是不断学习。学习并不仅仅是学校里书本上的阅读与练习，而是贯穿人一生的一项活动。因为时代的原因，有许多人年轻的时候并没有受到系统的教育，但是这并不妨碍他们成为优秀的人才，当条件允许的时候，他们重新拿起书本，一边工作一边不断地通过各种途径进行学习，不断地给自己充电，最终也取得惊人的成就。我们现在所提倡的终身学习，就是指一个人在一生中，要持续不断地学习。

方式⑬ 多读书，读好书

关键词：学习·读书·进步

适用情景：要想享受人生美妙的时光，成为世界上最幸福的人，需要查用此方式。

当今天下大势纷繁复杂，瞬息万变，转型期各种矛盾层出不穷，挑战冲击接踵而至。要使自己的心灵在混沌迷蒙的世界中保持清醒、晓大势、明事理、通人情、知礼仪、唯有勤学习、多读书、读好书。

一本书与读者微妙的关系就在于读什么样的书，就是与什么样的思想交流，开卷有益。但是并不是所有的书都值得去读，更有一些书会麻痹我们的灵魂、消弭我们的意志。可见，读书是要分层次的，而这种层次的选择，就是阅读有效性的关键。

毛泽东同志堪称酷爱读书的大家。他一生最爱读的书是《二十四史》，认为"读史使人明智"，以史证事、以古证今，就能知得失。彭德怀元帅也非常喜欢读书，他年轻时喜欢读《资治通鉴》，由此开始认真考虑历史人物对社会负有什么样的责任。

民国年间，湖北儒医熊伯伊除了医道高明外，还是个博学多才的人。他的诗作《四季读书歌》，笔调生动、情趣盎然，至今读来依然使人获益良多，思绪无穷：

春读书，兴味长，磨其砚，笔花香。读书求学不宜懒，天地日月比人忙。燕语莺歌希领悟，桃红李白写文章。寸阳分阴须爱惜，休负春色与时光。

夏读书，日正长，打开书，喜洋洋。田野勤耕桑麻秀，灯下苦读声朗朗。荷花池畔风光好，芭蕉树下气候凉。农村四月闲人少，勤学苦攻把名扬。

恰到好处的做人方式

秋读书，玉露凉，钻科研，学文章。晨钟暮鼓催人急，燕去雁来促我忙。菊灿疏篱情寂寞，枫红曲岸事彷徨。千金一刻莫空度，老大无成空自伤。

冬读书，年去忙，翻古典，细思量。挂角负薪称李密，囊萤映雪有孙康。围炉向火妨勤读，踏雪寻梅莫乱逛。丈夫欲遂平生志，一载寒窗一举汤。

只有读万卷书，才能每临大事有静气，成就别人无法企及的大业。

有一句话说得好：能忙世人所闲事，方能闲世人所忙事。这里所谓的闲事，就是学习。

喜欢学习，就等于把生活中平常的时光转换成了巨大享受的时刻。学习，可以增长见识，陶冶性情，使人的情感更细腻，举止更优雅，气质更深沉。淡泊以明志，宁静以致远，是非读书学习不能达到的。学习为人生带来了最美妙的时光。沉浸于书的世界中的人，几乎可以称得上是世界上最幸福的人。

同时，我们要注意，学海无涯，而人的生命是有限的。在把自己有限的精力投入到无限的学习之中时，不要单单把目光放在提高自己读书的数量上，而应把重点放在读书的质量上。多读书，读好书，把那些能提高个人综合素质、拓宽知识眼界的好书作为首选的书籍，把那些内容健康、催人奋进的名著作为自己的良师益友，这样我们的知识体系才能更加完善，思想层次才能不断向上跃升，生命的内涵才能因此不断丰富和升华。

方式14 把学习作为人生的终身伴侣

关键词：大求上进·不断学习·勤奋好学

适用情景：当一个人害怕退步、害怕堕落时，需要学习运用此方式。

成功者的特征，就是能随时随地求进步。一个人害怕退步，害怕堕落，因此，他总是通过学习来力求上进。

进步，通过学习可以得到。学习，应是人终身的伴侣。一个人成就有大小，水平有高低，决定这一切的因素很多，但最根本的还是学习。正确地利用空余时间进行学习是卓越品质的表现。很多例子都说明，被用来学习的空余时间从很大意义上来讲，并非空余，而是节省出来的——是从睡眠、就餐和娱乐时间中节省出来的。

有个农村孩子，16 岁中学毕业后，就到深圳去打工。在建筑工地上，他整个白天呆在太阳底下筛沙子，有时晚上还加班加点。就是在这样艰苦的条件下，他吃饭时面前总要摆一本书，平时就把书装在兜里，只要有空就拿出来看，勤学不辍。节假日，其他的打工仔要么三五个聚在一起搓麻将、打扑克，要么出去玩，而他则设法利用这些时间来接受出色的自学教育。当那些打工仔打哈欠、伸懒腰时，他却不失时机地学习、进步。他坚信，珍惜时间会使他获益匪浅，而虚掷光阴只会让他碌碌无为。在读书、学习之余，他试着写诗，向报刊杂志社投稿。稿件一次次地被退回来，但他并不气馁。他知道，是自己学得不够，功夫没有真用到点子上，他依旧见缝插针地学习。皇天不负苦心人，他的一首小诗终于在一家杂志上发表，从此，他走上了文学之路，一部部作品被相继采用。回到家乡后，他被当地文联聘为特约编辑。

使人没有成就、陷入平庸的并不是能力不足，而是勤奋不够。随时随地求进步是一种心态，必须自己用心去引导，它才会像泉水般涌现出来。心理学家皮尔说："如果你觉得生活特别艰难，就要老老实实地自省一番，看看毛病在哪里。我们通常最容易把自己遭受的困难归咎给别人，或诿称是无法抗拒的力量。但事实上，你的问题并非你所不能控制，解决之道正是你自己。"如果一个人常常有消极或无能为力的感觉，就会使自己变得懒惰起来。这时，最能帮助你的就是你自己：改变心态，换上积极进取的思想，自然会再度站立起来。

书籍多如耸立的高山，知识广如浩瀚的海洋。功成名就，好比攀登崇山峻岭，横渡四海大洋，行程漫漫，困难重重，绝非短期之内可以毕其役。"锲而舍之，朽木不折；锲而不舍，金石可镂"。知识一天没有积累，不是维持现状，而是在减少。所以，积累也不是一般概念的加法，当你的知识积累到一定的时候，会爆发出一个个灵感来。这种灵感会使你一下子明白许多以前似懂非懂的东西，会使你悟出许多书本上没有学过的东西。这样，你的知识岂不是成几何倍数地增长了吗？

方式15 不放弃任何学习的机会

关键词：成功人生·成功事业·学习机会
适用情景：要想有成功的人生、成功的事业，需学习运用此方式。

要想有成功的人生、成功的事业，我们必须具有广博的知识，而使自己具有广博知识的唯一条件就是要从各种可能的途径中吸取各种知识。只有那些能通过各种途径吸取知识的人，能从他人的知识中获益的人，才能使自己的学识更为广博和深刻，使自己的胸襟更为开阔，使自己的趣味更广泛，也更能使自己应付各种各样的问题。

不是只有接受校园里的教育才是学习。毕竟校园里的教育，只是你生命中的一个阶段。学校教育的目的，只是为你走出校园后在社会上学习，在工作中学习、奠定一个学习的基础。学校教育不代表你在社会上的生存能力，也不代表你的工作能力。

还有人认为，只有青年时期才是用来学习的，成年以后，已经不再是学习的时期了，到了晚年更不可能再去学习了。其实，我们随时随地都有学习的机会，我们不应该让这些机会白白地溜走。只要能寻求机会，能够尽量利用自己的空闲时间努力学习，全神贯注地学习知识，就能够弥补你没有受教育的不足，甚至能让自己学富五车，成为真正的大学者。我国古代有"朝闻道，夕死可矣"一说，是说早上明白了道理，就算晚上死去也值得。立志读书也是一样，只要能立下正确的志向，就算晚一点，只要能按照自己的志向坚持不懈地实现它，你的人生一样会有意义。

所以说，在人的整个一生中，都有接受教育的可能性。尤其是到了壮年以后，因为你具有更多的经验，具有更好的判断力，也更懂得珍惜时间，更善于利用一切机会来学习。有不少人，在学校念书时，少不更事，浪费了不少光阴，但是到了中年以后，他开始知道知识的重要，为了补救自己知识上的缺陷，便开始努力用功，结果也取得了惊人的成就。

哈佛大学有一位校长曾经说过："要养成每日用 10 分钟来阅读有益书籍的习惯。20 年后，思想将大有改进。所谓有益的书籍，是指世人所公认的名著，不管是小说、诗歌、历史、传记或其他种种。"试想，每天 10 分钟，一年可以读多少字？10 年呢？只要能坚持学习，养成终身好学的习惯，"铁杵也能磨成针"，还有什么事业不能成就？

不要放弃学习，让自己成为热爱学习的人，你会发现你的生活从此有了彻底的改观。

人的一生，无时不可以学习。社会就是一所大学校。我们所遇到的人，所接触到的事，所得到的经历，都是这所大学里最好的学习资料。只要我们能做个有心人，那我们在每一天、每一分钟里，都可以吸收到很好的知识。

方式16 把学习作为一种人生的投资

关键词：紧跟时代·不断学习·人生投资

适用情景：当你的工作、生活无法跟上时代的步伐时，可学习运用此方式。

用"活到老，学到老"来形容我们现在的生存现状毫不为过。生活节奏在加快，知识更替在加快，社会竞争也日趋激烈。英特尔公司总裁安德鲁·格

恰到好处的做人方式

罗夫先生的人生格言是："只有偏执狂才能生存。"然而，对于白领沈小姐来说，她更相信：只有学习狂才能生存。虽然沈小姐已经拥有硕士文凭，但她仍然怀有一种危机感。她经常提醒自己："在知识经济时代，一切都以格罗夫所说的'10倍速'高速发展，一年不学习，你所拥有的知识就会折旧80%。所以，我必须'天天学习，天天向上'。"

前段时间，沈小姐相继参加了秘书资格考试和BBC（剑桥商务英语）考试。此外，她还在一所驾驶学校考到一张驾照。沈小姐说："现在已进入一个'新论资排辈'时代。每一张考来的资格证都代表你的一种工作能力，资格证是求职、加薪和升迁的阶梯。"

聆听成功人士的个人演讲会，是沈小姐的一个业余爱好。她曾先后聆听了香港推销大王冯两努的"企业领袖才能"、著名职业经理人吴士宏的"与成功有约"的演讲会。沈小姐还打算报考上海中欧国际工商MBA，18个月的MBA学习需要付出一笔不菲的学费，她倒是在所不惜，她轻松地说："其实，学习也是一种投资。"

毛主席曾说："情况是在不断地变化，要使自己的思想适应新的情况，就得学习。"只有不断学习，才能不断地适应外部环境的变化。一旦学习停滞了，生存就难了。

1994年1月，在意大利首都罗马举行了"首届世界终身学习会议"，提出"终身学习是21世纪的生存概念"，强调"如果没有终身学习的意识和能力，就难以在21世纪生存。"

《美国2001年教育战略》一书中写道："今天，一个人如果想在美国生活得好，仅有工作技能是不够的，还须不断学习，以成为更好的家长、邻居、公民和朋友。学习不仅是为了谋生，而且是为了创造生活。"

可见，只有不断学习，才能更好地生存，一天不努力，就会落后于他人，因为每个人都在努力地向前奋进。可以这样说，学习化生存观念是由信息社会、知识经济时代催生的细胞，而反过来又成为信息社会、知识经济时代的支撑基石。今天，社会变革的潮流一浪高过一浪，我们在面对竞争日趋激烈的现实时，必须具有学习化生存观念，如不终身学习就会被淘汰。

我们生活在社会之中也如逆水行舟，不进则退。别人都在前进，你若不努力向前，便可能被甩在身后。我们必须不断地学习，不断地充实自己，不断地学习新的知识，只有这样才能跟上社会的脚步，跟上时代的步伐。

方式17 养成终身学习的好习惯

关键词：学习习惯·自觉学习·永不掉队

适用情景：时代变化的步伐在不断加速，如何紧跟其变化的步伐呢？需学习运用此方式。

在今天这个日新月异的时代，每5年里发展出来的新技术可能就会淘汰过去50年甚至100年里积累的技术。所以，为了跟上时代的步伐，与时俱进，必须坚持终身学习，这样才能在这个生理寿命逐渐延长、知识寿命日益缩短的社会里发挥自己的全部潜力。

很多人都会发现，大学毕业后的前两年，同学们聚到一起，大家的变化还不算很大。等到5年后再聚到一起时，每个人几乎都会有相当大的变化，善于学习新知识的人能够很好地适应工作、适应社会，而只会抱着学校里学来的知识、不思进取的人就会有落伍的感觉。

因此，一个人进入社会之后，必须在工作中不断学习新的知识和新的技能。此时，一个人学习效率的高低和投入时间的多少都会影响他的工作成绩，继而影响他的事业和前途。学习效率高的会不断得到晋升的机会（例如，在微软总部就有一两位30岁成为全球副总裁的青年才俊），相比之下，学习效率差的人或者无法在事业上更上一层楼，或者不被公司认可和重视，因为他们无法适应变化和竞争的需要。

恰到好处的做人方式

在这个竞争激烈的社会中，如果想永不落伍，就必须懂得终身学习的道理。毕竟，学习不等于本事，文凭不等于水平，无论对于事业还是做人，养成终身学习的习惯都很重要。

如何才能养成终身学习的好习惯，使自己自觉地去学习呢?

1. 要有"居安思危"的意识。要学会珍惜，珍惜国家带给我们的美好生活环境，珍惜公司给予我们搭建的成长平台，珍惜来之不易的工作……紧紧把握这难得的挑战和机遇，用拼搏的精神成就人生的梦想。

2. 要有不断学习创新的意识。要想使自己拥有辉煌的人生，除干好本职工作外，还要充分利用好时间，去学习和掌握更有价值的知识，为自身快速成长奠定坚实的基础。

3. 要增强时间观念。把握今天，活在当下。人生最宝贵的是时间，赵本山的小品里有一句话：人生有三天，昨天、今天和明天。对我们而言，昨天已经过去，明天还是个未知的结果，只有今天才是实实在在的，唯有好好把握，活在当下，方能给生命添彩，铸就辉煌人生。

4. 要注重细节，强化执行。执行决定成败，细节决定好坏。当我们对人生有所规划并认真地、坚持着朝着这个目标去奋斗时，细节和执行才是最关键的。当然，这个过程也是艰辛的，是对自身意志的磨炼。吃得苦中苦，方为人上人，只要用心地做事，目标最终是会实现的。

只有这样，才能养成良好的学习习惯，使自己不断学习，紧跟时代步伐，永不掉队，为自己的人生增光添彩。

方式18 不要试图减少奋斗而获得成功

关键词：奋斗·磨炼·投机取巧

适用情景：想试图投机取巧、不劳而获者需查看学习此方式。

中国古人崇尚读万卷书，行万里路。读书可以间接地了解人生，行走可以直接了解人生。而陆游的经验是：纸上得来终觉浅，绝知此事要躬行。从这个层面上看，一个人不但要学有所成，更重要的是要去"行万里路"，自己在生活中体验、学习。所谓智者乐水，仁者乐山；游山游水，苦乐人生。行走途中实在是认识人生最方便的地方。自己的人生道路，最终还得自己去走，没人可以替代你，没人可以帮你。苦与乐，只有自己去体会了，才是自己的人生。正像坎贝尔所说：每个人在他的生命中必须追求的是体验他独一无二的潜能，是体验别人从来不曾也绝无法代替他去体验的事物。

生物学家说，飞蛾在由蛹变成茧时，翅膀萎缩，十分柔软，在破茧而出时，必须要经过一番痛苦的挣扎，身体中的体液才能流到翅膀上去，翅膀才能充实有力，才能支持它在空中飞翔。

一天，有个小孩子凑巧看到树上有一只茧开始活动，好像有蛾要从里面破茧而出，于是他饶有兴趣地准备见识一下由蛹变蛾的过程。

但随着时间的一点点过去，他变得不耐烦了，只见蛾在茧里奋力挣扎，将茧扭来扭去的，但却一直不能挣脱茧的束缚，似乎是再也不可能破茧而出了。

最后，他等得不耐烦了，就用一把小剪刀，把茧上的丝剪了一个小洞，以便让蛾出来可以容易一些。果然，不一会儿，蛾就从茧里很容易地爬了出来，但是它身体非常臃肿，翅膀也异常萎缩，耷拉在两边伸展不起来。

恰到好处的做人方式

他等着蛾飞起来，但那只蛾却只是跌跌撞撞地爬着，怎么也飞不起来，又过了一会儿，它就死了。

"不经历风雨，怎能见彩虹"，任何生命的历程都要经过艰苦的磨炼。"宝剑锋从磨砺出，梅花香自苦寒来"，任何投机取巧或试图减少奋斗而达到目的的做法都是见识短浅的行为，只会使你的人生缩水。你付出了几分，你的收获就有几分。那只飞不起来的飞蛾的经历就证明了这一切。

第二章

恰到好处地竞争

面对竞争对手，多一分欣赏，少一分敌视

平凡的生活并不平凡，因为处处都有精彩。这些精彩，有自己的也有他人的，有朋友的也有对手的。当我们看到自己和朋友取得成功时，我们总是兴奋不已，努力为自己和朋友鼓掌喝彩。但对于对手的成功我们该怎样去面对呢？是嫉妒还是欣赏？是大声叫好还是不屑一顾？

成功人士之所以成功，就是能为对手叫好。

方式 19 人生不是战场,没必要争个你高我低

关键词:竞争对手·欣赏对手·你高我低

适用情景:面对竞争对手时,需学习运用此方式。

有一个寓言故事是这样的:野狼和狮子同时发现了羚羊的话,它们商量好一起追捕那只羚羊。它们合作良好,当野狼把羚羊扑倒,狮子便上前一口把羚羊咬死。但这时狮子起了贪心,不想和野狼平分这份猎物,于是想把野狼也咬死。可是野狼拼命抵抗,后来虽然被狮子咬死,但狮子也深受重伤,无法享受美味。

试想一下,如果狮子不如此贪心,而与野狼共同分享那只羚羊的话,岂不皆大欢喜?这个故事讲的就是"你死我活"或"你活我死"的游戏规则!

我们常说,人生如战场,但人生到底还不是战场。战场上,敌对双方不消灭敌人就会被敌人消灭。而人生赛场不一定如此,为什么非得争个鱼死网破、两败俱伤呢?

大自然中弱肉强食的现象较为普遍,这是出于动物们生存的需要。但人类社会不是动物界,个人和个人之间、团体和个体之间的依存关系相当紧密,除了竞赛之外,任何"你死我活"或"你活我死"的游戏对自己都是不利的,我们应该欣赏对手,因为每个对手肯定有他的优点。

在欣赏对手之前,我们应该明白什么是对手,谁是你的对手。有人简单地认为对手就是对方,这种说法只对了一半,因为对手是和你竞争的对方,可对方不一定是你的竞争对手。换句话说就是所有的对手都能称之为对方,但对方中不能个个都是你的对手。

对手在实力上应当是旗鼓相当的,否则就不能称为对手!天壤之别也不行,大象和蚂蚁之间能争出什么来?

恰到好处的做人方式

比如 同学之间组织一场力量的对垒，诸如"掰手腕"。10个人分成红方与蓝方出场，你长得膀大腰圆、力能拔山，是红方力量的象征，这时，对方却派出一位身单力薄的同学，你一定失望，对手与你的力量相差太悬殊，所以你马上就说："他不是我的对手，你们快换一个真正的对手上来！"所以说，真正的对手，能力应不分上下。

还有，就是为同一事物竞争的对手。比如说，学校举办运动会，你参加乒乓球比赛，原来与你掰手腕的大个子去参加网球比赛了，他已经不是你的对手了。你现在真正的对手是那位身单力薄的小个子，因为他是他们班攻球技术最棒的，现在你们俩要进行乒乓球冠军争夺赛，所以他才是你真正的对手。

方式20 为对手的成功鼓掌喝彩

关键词：对手·成功·喝彩

适用情景：当你的竞争对手成功时，需运用此方式。

人们在做事的过程中处处有竞争，那么对竞争中的对手你该怎样看待他们呢？对于你的对手，切不可嘲笑、贬低，更不可诅咒。因为所有的敌人都可能是你的对手，但对手不一定就是你的敌人。他们有可能是你的动力、朋友乃至知音。

1991年11月3日夜，美国大选揭晓。当选总统克林顿在竞选总部楼前向他的支持者们发表即席演说，先是言辞恳切地感谢前一天还在互相唇枪舌剑、猛烈攻击的主要政敌——现任总统布什，感谢布什在从一名战士到一位总统期间为美国做出的出色服务，并呼吁布什和另一位对手佩罗及其支持者与他团结合作，在未来4年里重造美国，在全面振兴美国的大变革中继续忠诚地服务于祖国。

而远在异地的布什则打电话祝贺克林顿成功地完成了一场"强有力的竞选"，他还调侃地告诫克林顿："白宫是个累人的地方。"并保证他本人和白宫各级人士将全力以赴地与克林顿的班子合作，顺利完成交接工作。

竞选的成功与失败，对于布什和克林顿这两个对手来说，欢乐与悲哀都是不言而喻的。但在现实面前，两个对手保持了高度的理智，对对方的成绩表现出超然的风度。

为自己叫好容易，为别人叫好困难，为对手叫好更困难。生活中，有许多人只知道为自己取得的进步和成功欢呼，对别人尤其是对对手取得的进步和成功无动于衷，他们很少真诚地为别人和对手叫好。

可是你知道吗？为别人和对手叫好并不代表你就是弱者，你就是失败者。因为你为别人和对手叫好是一种美德，你付出了赞美，这非但不会损伤你的自尊，相反还会收获友谊与合作；为别人和对手叫好是一种智慧，因为你在欣赏他们的同时，也在不断提升和完善自我；为别人和对手叫好是一种修养，对别人和对手赞赏的过程，也是自己矫正自私与妒忌心理、培养大家风范的过程。美德、智慧、修养，是我们做人的资本。

方式21 认对手做朋友，拿对手当动力

关键词：排斥对手·欣赏对手·动力

适用情景：面对竞争对手时，需运用此方式。

排斥对手对自己没有一点帮助，弄得不好还会两败俱伤，相反，如果抱着欣赏对手的心态，则可能赢得人心。人与人之间肯用真心交流，就会增进了解，消除隔阂。使对手变成你的朋友，拿对手当动力，不是更有利于你的成功吗？

不肯欣赏对手的人，实在是很不幸的。在正常条件下，欣赏对手能发挥

恰到好处的做人方式

极大作用，它会给你带来幸福、友谊，乃至成功。

在一次盛大的宴会上，有一个平日和安德鲁·卡内基在生意上有竞争的钢铁商人大肆抨击卡内基，说了他许多的坏话。

当卡内基到达而且站在人群中听他高谈阔论的时候，那个人还未察觉，仍旧滔滔不绝地数落卡内基。宴会主人非常尴尬，他生怕卡内基会忍耐不住，当面加以指责，使这个欢乐的场面变成了舌战的阵地！

可是卡内基表情平静，等到抨击他的那个人发现卡内基站在那里，反而感到非常难堪，满面通红地闭上了嘴，正想从人群中钻出去。卡内基却真诚地走上前去 亲热地跟昔日的对手握手，好像完全没有听到他在说自己坏话似的。

他的竞争对手脸上顿时一阵红、一阵白，进退不得。卡内基给他递上一杯酒，使他有机会掩饰一时的窘态。

第二天，那个抨击卡内基的人亲自来到卡内基的家里，再三向卡内基致谢。从此他变成了卡内基的好朋友，生意上也互相支持。这个人还常常称赞卡内基，认为他是个了不起的大人物，使得卡内基的朋友都知道卡内基多么和蔼、多么慈祥，从而更加亲近他、尊敬他。

卡内基就是卡内基，受到对手的侮辱也不在乎，相反示以友好，拿出诚意，从而使双方获得了交流，赢得了友谊。

卡内基和他的竞争对手的交情是一种"不打不相识"的交情，其中有宽恕，有忏悔，有慷慨的义气，有豪爽的侠情。

而你用高尚的人格感动了一个敌人使他成为你的朋友的时候，你所得到的也将不只是一个朋友，你在精神上所感受的欢乐和轻松也将十倍、百倍于他实际上所给你的。

当你树立了一个敌人的时候，你所得到的将不只是一个敌人，你在精神上所受到的威胁将十倍百倍于他实际上给你的威胁，所以即使是竞争对手，也要把他们当朋友。

方式 22 获得荣誉之时，千万不要忘记善待对手

关键词·荣誉·赞美对手·善待对手

适用情景·当战胜对手、获得荣誉之时，需运用此方式。

人都有一种强烈的愿望——被人赞美，赞美就是发现价值或提高价值，我们每个人总是在寻找那些能发现和提高我们价值的人。

一家成功的保险公司的经理在谈到成功的秘诀时说，很重要的一条是：我们赞美我们的代理人，也赞美我们的竞争对手。

赞美别人是一种美德，赞美对手更是一种高素质的表现。

英格丽·褒曼在获得两届奥斯卡最佳女主角金奖后，又因在《东方快车谋杀案》中的精湛演技获得最佳女配角奖。然而，她领奖时，一再称赞与她角逐最佳女配角奖的对手弗沦汀娜·克蒂斯，认为真正获奖的应该是这位落选者，并由衷地说："原谅我，费沦汀娜，我事先并没有打算获奖。"

褒曼作为获奖者，没有喋喋不休地叙述自己的成就与辉煌，而是对自己的对手推崇备至，极力维护了落选对手的面子。无论谁是这位对手，都会感激褒曼，会认定她是值得倾心的朋友。

一个人能在获得荣誉的时刻，如此善待竞争对手，如此与伙伴贴心，实在是一种文明典雅的风度。

为了维护良好的人际关系，你的一言一行都要为对方——不论是朋友还是对手的感受着想，学会安抚对方的心灵，不可以使对方产生相形见绌的感觉。与此同时，自己的心灵也会因此安然自得，有一个极好的心情。

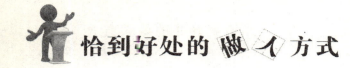

恰到好处的做人方式

方式23 多个朋友多条路，永远不要为自己树敌

关键词：与人为敌·欣赏对方·体谅对方

适用情景：当与对方产生矛盾时，需运用此方式。

对现代人而言，随时随地都会遇到"敌人"，如商敌、情敌、棋敌、牌敌、考敌等。其实，既然同样是人，为什么要为自己树那么多的敌人？为什么要那么怀恨别人？这种朝朝暮暮与人为敌的人，终有一天会变成冷酷无情的人。

有的人一旦对立场相左的人（即使是假想敌）产生恨意，就会千方百计地攻击对方，直到彻底打倒对方为止。还有一些人，抱着"以牙还牙，以眼还眼"的心理，如果挨了一拳，一定要还以三拳才肯罢休。如此一来，不但永远无法与对方和解，还会增加彼此之间的憎恨，落得两败俱伤，最后同归于尽。

为了避免产生这种现象，我们应该尽量欣赏对方的成就，体谅对方，而不是播下仇恨的种子。

美国的议会秘书任期也和议员一样，一年一选。这年，经营印刷业的富兰克林获得了议会秘书的提名。富兰克林非常想当选，不但因为这项工作很适合他，还能拿到一份报酬，更重要的是，这项工作能使富兰克林同议员们建立良好的关系，取得印刷选票、法律文本、纸币等印刷业务，从而获得更多的客户和利益。

但是，富兰克林的提名遭到一位新任议员的强烈反对，那位议员发表了一次演说，将富兰克林批评得一文不值。他认为富兰克林资历太浅，不是议会秘书的最佳人选。

面对这样一位出其不意的对手，富兰克林开始很头痛了一阵子，不过他还是想出了办法来化解两个人之间的矛盾。

富兰克林了解到这位新议员家产殷实，受过高等教育，是个有名的绅士。他的才能和影响会使自己在一定时间内对议员们产生作用，后来证实的确如此。他又打听到新议员收藏有一本罕见的珍本，于是，他就写了一张便条，表达了热切想看到这本书的愿望，请求他能借给自己看上几日，新议员慷慨地借给了他。

一周后，富兰克林把书送还，又附上一张便条，诚挚地表示了由衷的谢意。在他们下次见面时，新议员十分客气地同富兰克林说，以后随时都愿为他提供服务。不久，富兰克林如愿以偿当选为议会秘书，同时他们成了好朋友，这种友谊一直保持到他去世。

这件事告诉我们什么呢？它说明在现实生活中，对自己的对手、敌手、对立面，与其怨恨、报复、对抗、无味地搅局，倒不如谨慎地、不卑不亢地先求助于对方，以此博取对方的好感而消弭以往的情绪和芥蒂。

做人何必用那种仇视的眼光看待对手呢？这样，你会把自己搞得身心疲惫。与其如此，还不如用一颗友善的心去欣赏对手。

欣赏对手，你就会得到意外的收获，不但使对手变成朋友，而且还能取得对手的信任和帮助。一举多得，何乐而不为呢？

方式24 第一毕竟只有一个，不必总去争它

关键词：争第一·处处争先·保持低调。

适用情景：喜欢处处争先者需学习运用此方式。

社会上处处充满竞争，官场有竞争，职场有竞争，商场有竞争，情场有竞争。任何竞争都需要勇气，也更需要策略，而其中最大的策略就是在无情

恰到好处的 做人 方式

的竞争中保持低调，不处处争第一、处处争先。

老子说："圣人之道，为而不争，""天之道，不争而善胜。"这里的"为"，是即踏实地地做事，所得到的是真正的成功，有利于众人，亦有利于自己，心气平和而爱人；"争"则是以压倒别人为能事，损人而不利己，心胸狭窄而嫉恨，所得到的是紧张焦急与寂寞，即使有成，亦必有限。

"争"是做人愚昧短视的一面，它的所得似乎永远赶不上所失。它得到的有时是不切实际的名声，有时是不合逻辑的名次。记分表上的胜负多半只代表一时与片面，而不能代表长久与全局。

那些嗜赢如命、非常喜欢和人竞争的人，在他们眼中第三名与最后一名没有任何差别。他们的哲学是：赢得胜利就等于一切，世界上只有两类人——胜利者和失败者，所以他们几乎无时无刻不处于压力之中。失败了，他们灰心沮丧，拼命想下次再赢；胜利了，他们欢呼雀跃，拼命想保持下次还赢。那么压力就无时无刻不在侵扰着他们。

当你熟练地掌握了一项技能，或发现可以把某些事情做得非常好的时候，这种感觉确实很好。如果你为了增进某项技能去和人竞争，如果不做得太过火，那么这样做确实有助于你能力的提高。但这种激励要控制在一个合理的范围内，太过火了，把自己的喜悦建立在别人的痛苦之上时，你就无法获得安宁和祥和。你以为获得第一就会为自己带来满足与幸福，然而恒久的安宁很少是从谋取极大的成就和征服中得到的，相反，你只能从中得到无限膨胀的欲望和越来越大的野心的折磨。

当你为了获得第一名而和别人争斗不已时，请你仔细想想这样做到底有什么意义。就长远而言，为了争取成功不择手段而伤害别人、让别人失败，难道是明智之举吗？看到别人灰头土脸你会为此而开心吗？其实大多数时候，你费尽心机抢来的东西也许根本就不适合你，或你根本就不需要，而它反而可能是别人的至宝，那你抢来又扔掉，是不是有点残忍呢？

赢了不能说明伟大和高尚，有时候它只能证明你的野心和欲望。宽容、慷慨、亲切和信赖才能经得起考验。它们能使我们获得别人的钟爱，而不是嫉妒和怨恨。

我们常常发现，那些喜欢竞争的人，结果往往只是迷失在掌声与虚名之中而已。倒是那些不参加争胜的人，有安定的心情和充足的时间可以自适其适。脚踏实地地搜寻学海珠璞，认真地埋头耕耘，可以得到无愧于心的收获。正因为看得清事情的本末，所以才能真正地收获成功。

与人竞争时，不知你是否想过这个问题？

你有他人无法替代的优点和优势，同样，难道别人就没有与众不同之处吗？你是不是太高看自己又太低看别人了呢？你不可能事事都比别人强，场场竞争都得第一；得了第二，也不能说明你就一无是处。有句话说得好：我并没有输，我只是没有赢。人人都以这种心态来面对竞争的压力，那各种自寻烦恼的情绪就不会有了，把心态放平和一点、低调一点，别人失败时鼓励他，别人胜利时也由衷地祝贺他，这样才能以更健康、积极的心态去面对生活中更大的挑战。

方式25 无敌也寂寞，做第二很好

关键词：低调做人·扬长避短·量力而行

适用情景：当总想争第一时，需学习运用此方式。

低调做人意味着你放弃了许多架子，放弃了许多充大、装相、张扬和卖弄的虚荣表现，放弃了许多假正经、假圣人的虚伪面孔。同事、部下、朋友都可以够得着你了，都可以与你平起平坐了，这就能使你与大家有更多的机会相互沟通、相互融合。

人生如一场赛跑，但并非跑到第一才有意义，每个人都各有主张。刘德华说得就很通俗："我就是喜欢做第二。做第二很好，前面永远有个目标追，

恰到好处的做人方式

做第一高处不胜寒。无敌也很寂寞。"

不论在学校还是家庭，我们受到的人生教育，很少包括这类内容：如何保护一颗心灵的纯真和敏感？如何让这颗心能收获足够多的快乐？以和各种焦虑痛苦抗衡……我们熟悉的是：吃得苦中苦，方为人上人。

可是为什么一定要做人上人？在这个世界上，第一永远是少数。我们也可以快乐地做第二、第三，量力而行，宽厚自己。不能做总经理，就做个尽职的员工；不能做魅力四射的人，就做个善良真诚的人；不能做思想深刻的人，喜欢樱桃小丸子也无妨；不能吃上山珍海味，粗茶淡饭一样养生。

有一家汽车租赁公司，由于冗员太多，员工工作态度散漫，出租的汽车被讥讽是"逃犯开的车子"，声名狼藉，几乎面临倒闭的边缘。尽管如此，这家公司的市场占有率仍然不低——名列第二，只是离市场占有率第一名的租车公司有好长一段距离。

后来公司聘请了一位很有经营管理经验的约翰先生做总裁。他上任后，对公司内部进行了大刀阔斧的改革，先是采取重罚重赏的方式，提高员工的服务意识和服务水平，接着花重金寻找广告公司为公司做形象广告。

广告大师彭巴克先生经过一番调查和策划后，告诉约翰先生：这个广告就应该坦白直率地告诉大家：我在租车业中，排名第二。

约翰先生深感怀疑："我们第二，为什么人家还会租我们的车子？"彭巴克先生的回答是："我们将更努力。"

约翰先生接受了这则广告策划，这样不只对内部员工有所提醒，对顾客而言，他们看到了一个努力向上的公司，也看到了它的改变。不久之后，公司业绩急速上升，市场占有率越来越接近第一名。

在这家公司所有的车子上，都贴了约翰先生的电话，如果租车者发现车子不清洁，可以直接打电话给他。他总是对所有的顾客说："我们第二，所以要更努力。"

一个人不可能处处胜于他人，有得必有失。命运往往是无常的，做什么都要留有余地。

50

从另一种角度来说，甘当老二，也是某种程度上的自信。只有先做老二，才能有机会做老大、做第一。天外有天，人外有人。一个人怎能时时处处胜过所有人呢？每一个人都有自己的优点与优势，也都有自己的缺点与短处。扬长避短才明智，拿自己最不擅长的柔弱之处去硬碰别人修炼得最拿手的看家本领，其结果是可想而知的。人会有各种潜能，但你不可能在所有地方都有机会发挥出来，你只能在一个地方用足你的力气，在你没有用力气的地方，在你无暇顾及的地方，你必然不如那些在这地方用足力气的人。你的精力有限，机遇也有限，因此，你能超越别人的地方肯定很少，而不如人的地方决对很多。只有对这一点看明白了，你才有从容的心态，也才能真正地进入第一的行列。

方式26 能屈能伸，保持良好心态

关键词：低调·谦虚·友善和气

适用情景：做人过于张扬时，需学习运用此方式。

在深圳街头矗立着许多雕塑，在这些雕塑中有一头牛，它的显著特征就是低着头。创作这座雕塑的艺术家其用意大概是：面对喧嚣的尘世、纷扰的人群，我们没必要表现出傲慢、怪异和过分张扬的样子，而应把自己的言行举止融入人群当中，并始终把自己看作是社会上普普通通、实实在在的一员。

面对社会，我们没必要昂首挺胸、牛气冲天。摆正自己的位置，低调一点，谦虚一点，友善和气，甘于让人，才是做人真实的一面。

我们之所以为难、犹豫、沮丧，是因为当我们面临很多选择的时候，没有一个明确的导向，在人生的舞台上做了主角，我们欣喜若狂，一旦做了配角，我们又抑郁失望。所以做一个能屈能伸、富有弹性的人对保持良好心境

恰到好处的做人方式

意义重大。

有人说，人生如戏。在人生的舞台上，上台或下台都是平常的事。假如你的条件适合当时的需要，当机遇一来时，你就可以上台了，若你演得好而且演得妙，你就可以在台上多风光一会儿；假如你唱走了音，演走了调，老板不让你下台，观众们也会把你轰下台，或者因为你演的角色已经不符合潮流，或者是老板需要让新人上台，于是你就下台了。潮起潮落，自有规律，你不必因为自己过去的辉煌而为今日的风光不再而长吁短叹。做了配角也同样有自己的天地。

当然，从理论上来讲，地位的变化似乎容易接受，但假如你看过电影、电视中的男女主角受到欢迎或崇拜的情况，你就可以了解由主角变成配角之后的那种难过之情。是啊，昨天你还是风头正劲的弄潮儿，今日工厂倒闭，你也下岗，朋友远去，这种落差轻则让你郁郁寡欢，重则让你痛不欲生。寻求平常心又谈何容易？

但真正演戏的人可以不同意当配角，甚至可以从此而退出那个圈子，可在人生的舞台上，只要你想生存就不能退出，因为你需要生存！

那么，当由主角变成了配角的时候，不要悲叹时运不济，也不用怀疑有人在暗中搞鬼。你需要做到的就是"平心静气"，好好地扮演你"配角"的角色，向别人证明你的配角可以演得和主角一样好！奥斯卡都有"最佳男女配角"奖，可见配角的重要性。若是你连配角都无法演好，那怎么能让人相信你还能够演主角呢？

所以这时候最关键的就是要平心静气，做你应该做的事情，而且想办法锻炼你的"演技"，随时准备再次上台——无论是原来的舞台或者是别的舞台。只要你不放弃，就一定有机会！

做配角不能缺乏勇气，勇敢永远是值得人类推崇的个性境界。勇敢的个性表现为大度和从容，因为内心无所畏惧，没有理由不表现为大度和从容。大度使人不怕损失，他有绝对的信心挽回局面。从容使人能够冷静地判断问题，解决问题，改变境遇。

　　想要拥有勇敢的精神也不是一件容易的事，它必须扎根在高度的自信心上。具有自信无畏的个性才能够笑对际遇的落差，才能够将不良情绪转化为动力。

　　如果你因为从人生舞台上由主角变为配角，然后心理失去平衡，自暴自弃，到最后就算不下台，也必将会沦落为跑龙套的角色，人要是如此就很悲哀了。假如能好好地扮演好配角的角色，一样会得到掌声和荣誉，没人会对你的努力视而不见，若是你仍然有主演的实力和信心，自然会有再度独挑大梁的一天！

　　人生的机遇是变化多端、难以预料的，波折起伏必然是难免的，既然不是你去逃避，它便不再存在，那么就应该培养"上台下台都自在，主角配角都能演"的胸怀。这就是面对人生各种困惑的一种方式，而且也会为你寻得再度发光的机会！

　　此时，你的这种能屈能伸的弹性也肯定会赢得别人对你的尊重，要知道没有人会去欣赏一个自怨自艾而且又自暴自弃的人！

第四章

恰到好处地依赖

先依赖而后独立，别把依赖与独立分开

　　一个人活在世上，既不能像春天的蚯蚓、秋天的蛇一样的软骨头，也不能像风雨中的落花柳絮，找不到根基，而是要自立自强。

　　如果你依靠他人，你将永远坚强不起来，也不会有独创力。做人，要么独立自主，要么埋藏雄心壮志，一辈子老老实实做个普通人。

方式27 依赖是为了更好地独立

关键词：独立·自强自立·过分依赖

适用情景：自立能力差或过分独立者需学习运用此方式。

一般人常鼓励别人自强自立，而厉声批评依赖的错误。其实就成长而言，没有经过依赖的阶段，就不可能发展出强硕的自立；未经广博地汲取别人的经验，就不会有独立的判断和思考。

每一个人都必须先依赖而后独立。如果把依赖和自立强制分开，那就是偏见了。

依赖是情感的需要，每个人都有不同程度的依赖心理，尤其是年轻人，由于阅历浅、经验少，遇到问题往往不知所措，因此有一定的依赖心理是正常的。

人之所以具备精细思维和精神生活，是因为在成长过程中，依赖的时间比任何动物都要长。另一方面，就个人成长而言，受教育时间越长，依赖的时间随之加长，得到的知识和经验就越丰富，所以依赖是必需的，是心智成长的必要条件。

许多年轻人，他们有好的学习机会，却不懂得好好把握，在应该依赖的时代强出头，要表现出独立自主的模样，不接受师长的教导，不好好学习应具备的各方面知识，虚有其表的自负和不可一世的态度，阻碍其心智成长。蹉跎时光的结果，使他原本就脆弱的心灵变得更加空虚无物、一蹶不振。

依赖显然是蓄劲的时机，每一个人都要把握它。依赖是学习现有的知识经验，自立是创造未来的关键；没有现在的学习，就不会有好的创造。人格的成长也是一样，如果父母亲能提供正确的爱让孩子依赖，孩子的人格发展

恰到好处的 做人 方式

就越健康。

但如果过分依赖就是有害的。具有过分依赖性的人往往无主见，经常产生无助感，明知他人错了但由于怕被遗弃,也随声附和，很难独立完成自己的计划或做自己的事。有时为了讨好他人甘愿做自己不愿做的事，而且很容易因遭到批评或未得到赞许而受伤害。长此以往可能对正常的生活、工作都产生影响。

家长要尽量为孩子创设锻炼的机会。可以从日常生活琐事做起，让孩子做力所能及的事。比如，要求孩子按时起床、就寝、收拾好自己的衣物、做到生活自理；要求孩子能够整理自己的写字台、带齐学习用具、做到学习自理等。在非原则性问题上可以听听孩子的意见。比如，为孩子买衣服，在一定价格内，款式、颜色可以由孩子决定。

家长要鼓励孩子自己去寻找独立锻炼的机会。鼓励他们积极参加学校组织的活动，积极参加社会实践活动。在活动中多承担任务，使自己有机会独立面对问题，促使自己拿主意、想办法。鼓励他们勇敢地迈出第一步，当他们独立完成一件事情后要及时鼓励，增强孩子的自信心。当孩子遇到挫折时多给予帮助、理解，和他一起分析失败的原因，研究解决问题的办法。

家长还要鼓励孩子多读好书。用古今中外有志之士自强不息的事例武装孩子的头脑，激发他们树立远大理想。同时，家长要鼓励孩子多与自强向上的孩子接触，向他们学习。因为青少年时期同伴的作用有时甚于父母的影响，同伴的榜样作用也能起到很好的效果。

总之，克服孩子过分依赖心理的方法是很多的，家长可以结合孩子的特点，根据实际情况，选择适宜的方法，长时间的锻炼之后，孩子过分依赖的心理就会减弱。

方式28　活出自我，不要过分依赖

关键词：过分依赖·依赖心理·独立

适用情景：依赖心理过强的人应学习运用此方式。

孩子适当依赖父母亲，乃是成长的必需，但如果事事依赖，时时依赖，丧失了进取的积极性，过着"衣来伸手，饭来张口"的生活，这就是严重的错误。

过分的依赖之心，是人性的一大弱点。小时候父母包办过多，没有得到独立行动、自作主张的训练，吃饭、穿衣及日常起居没有较早地自理而让别人侍候，总是绕着妈妈的围裙转，不敢离开一步，于是直接形成了依赖心理。

有依赖心理的人，遇事首先想到别人、追随别人、求助别人、人云亦云、亦步亦趋，没有自恃之心，不敢相信自己，也不自作主张，不能自己做决断。在家中依赖父母、爱人，害怕爱人出差；在外面依赖同事、依赖上司；不敢自己创造，不敢表现自己，害怕独立。他的人格不成熟、不健全，仍然停留在童稚阶段。

有依赖心理的人，不能独立地做成任何事情，无从谈起操纵和把握自己的命运，他的命运只能被别人操纵。只有在他具有利用价值时，人家才会利用他。如果他的利用价值消失了，或者已经被利用过了，人家会把他抛开，让他靠边站。只因为有依赖心的人太软弱无能，只因为有依赖心的人的心目中只能相信别人，所以他不敢相信自己，更不能自信胜于他人。

有依赖心的人是一个可怜的人。他做事四处碰壁，不被信任，不受欢迎，遭人鄙视。怎样避免依赖呢？不妨照着下面的建议去做：

你应该与你觉得在心理上依赖的人谈一谈，宣布你要独立的目标，解释你出于义务做事时的感受。这是起步的最佳方法，因为别人甚至可能不知道你身为依赖者的感受。

你应该提醒自己，父母、配偶、朋友、老板、孩子及其他人常会不赞同你的行为，这与你是什么样的人无关。无论在什么情况中，你总会遭到一些反对，如果你有心理准备，就不会因此感到受挫折。这样就能破除许多在情绪上操纵你的依赖关系。

你应该认清你有隐私的欲望，不必凡事都要某人参与，你是独立而且有隐私权的。若你觉得凡事必须要有某人参与，你就无从选择，当然你就是一个依赖者。

大自然通常是不断地生成发展着，然而，它的准则是公平严酷的，过分地撒娇、依赖一点好处都没有。人类的生存也是如此，若是以一种撒娇、依赖的态度面对生活，决对不会产生生成发展的结果。

方式28 跌倒了自己爬起来，不要等着别人去扶你

关键词：自强不息·奋发向上·克服困难

适用情景：当面对生活或工作中的困难时，需学习运用此方式。

《周易》中说："天行健，君子以自强不息；地势坤，君子以厚德载物。"自强是什么？是奋发向上、锐意进取，对美好未来的无限憧憬和不懈追求。自强者的精神之所以可贵，就是因为他依靠的是自己的顽强拼搏而非其他人的荫庇提携；就是因为他要甩开别人的搀扶，自己的路自己去走！

靠别人安身立命是没有出息的。常言道："庭院里练不出千里马，花盆里长不出万年松。"

俗话说："天上下雨地上滑，自己跌倒自己爬。"锻炼意志和力量，需要的是像小仲马那样的自助自立精神，而不是来自他人的影响力，也不能依赖他人。

有一首《自立立人歌》："滴自己的汗，吃自己的饭，自己的事自己干，靠人、靠天、靠祖上，不算是好汉。"要做一个好汉，要靠自己的双腿走出人生之路，要靠自己的双手创造出美好的新生活，切不可靠他人来为自己造福。须明白，靠神神跑，靠庙庙倒，靠自己最好。

有人说人生实际上活的就是一份感觉，这句话不无道理。这种成就感，这种自强奋斗的快乐，绝不是父母、爱人、朋友的赠与所能感受到的，也不是靠轻而易举地交换自己的青春美貌就能获得的。没有经过奋斗就享受，靠别人的创造来装扮自己、追求享受，其实是在自欺欺人。假如只是将洋房、汽车看作是生活的目标，这样的人只能用一个词来概括，那就是悲哀。靠自己的双手和能力活着，才活得踏实，虽然这其中会遇到各种各样的困难。

正因为有种种困难，我们才会去克服，并在克服困难的过程中取得进步；正因为面临种种问题，我们才会去解决，并在解决问题的过程中不断创新。人唯有经过这种由忧而喜、不断自强的生活，才能真正品味到生命的意义和充满活力的人生。

安逸的生活谁都向往，但困难却是人生不可避免的内容，经过自己的努力得来的一切，虽然其中可能饱经风霜，但在奋斗的过程中，所获得的对人生的感悟，以及奋斗后面对自己的哪怕一点点的收获，都会让我们获得极大的成就感。

方式30 做自己命运的主宰者

关键词：主宰命运·改变自己·改变心态

适用情景：当面临人生中暗淡的日子时，需学习运用此方式。

一个人命运的好坏，并非天生注定，也不能被别人操纵。一个人一生不可能永远幸运，也不可能永远被厄运纠缠。要相信，命运由我们自己创造，

恰到好处的做人方式

命运掌握在我们每个人自己手中。

你如果想改变自己的命运，最重要的是改变自己、改变心态、改变环境。

李明考上大学时，正好赶上国家开始实行大学收费制，4年读下来了，他发现自己比早一年考上大学的人多花了近一万元。

好不容易毕业了，谁知又赶上国家在分配上实行双向选择。虽然李明最后找到了单位，岂料仅仅工作了两年，便赶上单位大裁员，他又不幸被裁下来了。许多被裁下来的人都整天唉声叹气，怨这怨那，可他却不为自己的时运不济而叹息。他并没有像有些人那样，从此消沉下去。他用存款和借来的钱在农村租了一百亩地，利用自己所学的专业知识种植玫瑰花。一年下来，他的玫瑰花供不应求，许多城里的花商都到他这里来批发。当年他就获利10万元。后来，他成了商场中的实力派人士。

随着我国市场经济的发展，社会竞争也越来越激烈，失业、找不到工作的人也不少。面对如此形势，有些人以怨天尤人、自暴自弃的心态消极抵御，整天提心吊胆地上班，生怕被裁下去，在感叹自己时运不济时，消极地对待生活，甚至从此沉沦下去。但有些人却能坦然处之，没裁下去就认真地工作，失业了也能迅速调整自己的心态，想办法通过其他方式重新找到工作，而不是整日抱怨自己命苦。这样的人大多很快就会通过努力在其他方面有所建树，并且顽强而乐观地生活下去。

以下方法可以帮你改变自己：

方法一：直面困难

每一个解决方案都是针对一个问题的，困难对于脑力劳动者来说，不过是一场场艰辛的比赛，真正的运动员总是盼望比赛。如果把困难看做对自己的诅咒，就很难在生活中找到动力；如果学会了把握困难带来的机遇，你自然会动力陡生。

方法二：正视危机

危机能激发我们竭尽全力。无视这种现象，我们往往会愚蠢地创造一种舒适的生存方式，使自己生活得风平浪静。当然，我们不必坐等危机或悲剧的到来，从内心改变自己是我们生命力的源泉。

方法三：不要害怕被拒绝

不要消极接受别人的拒绝，而要积极面对。当你的要求落空时，就把这种拒绝当做一个问题："自己能不能更多一点创意呢?"不要听见"不"字就打退堂鼓。应该让这种拒绝激发出你更大的创造力。

方法四：不虚度每一天

这儿改一点，那儿变一下，将使你的一天（也就是你的一生）过得有滋有味。今天是你整个生命的一个小原子，是你一生的缩影。大多数人希望自己的生活富有意义，但是生活不在未来，我们越是认为自己有充分的时间去做自己想做的事，就越会在这种沉醉中让人生中的绝妙机会悄然流逝。只有重视今天，改变自己的力量才能源源不断地产生出来。

一生之中谁都可能会遇到一段暗淡的日子，关键是如何看待暂时的时运不济所带来的影响。一般人会有两种选择：一种是怨天尤人，想不开，非要在一棵树上吊死；另一种是擦亮眼睛，及时改变自己，重新闯出一条生路。

方式31 对自己负责，对别人负责

关键词：责任·信任·负责

适用情景：此方式适用于欲成大业者。

人生在世，孰能无过。从你出生时起，你就在与周围的世界产生积极的互动，环境对你产生影响，但是你往往更会对周围的事物产生影响。你能够在众多选择中做出自己的决定，这就是所谓"自由意志"。这说明你拥有主宰自身行为的能力，因而完全能够对周围环境产生影响。

如果是这样，你就应该为自己的行为负责。对于做人来说，一个重要的标志就是有无责任心。无论如何，你要懂得"责任"两字的含金量。

恰到好处的做人方式

我们去银行存钱，是因为我们相信银行。这份信任感来源于银行的职责，它有责任为我们做这个事情，所以我们会在存完钱后松口气，不会有钱在身上的不安全感了。

我们去医院看病，取了药就回去吃，没怀疑过，也是因为我们相信医院，因为医生有责任为我们负责。

由此可见，责任在另一种意义上就是相信即信任，责任产生信任。一个有责任感的人，他会为自己的承诺、自己的行为负责。这样的人才是一个有信用的人，是一个真正成熟的人。

年轻人要想成就大事业，首先就要学会负责任。这个负责包括对自己负责，还包括对别人，对你的事业、工作、家庭、国家、社会负责。

生活是我们自己的，我们想怎样活，就努力去怎样活，别人的想法只是参考。我们要培养自立精神，自己做决定，并承担它的后果。我们一生难免会做许多决定，也许有很多错误的决定，但就是这些错误的决定，才让我们不断吸取教训，不断成长、慢慢成熟的。也许有的人害怕负责任就是因为要做决定，同时意味着有一半的概率做错误的决定，并承担后果，但这就是成熟，这就是成熟的代价。没有这些错误的决定，我们是不可能成熟的，将来也就不可能做出更加明智的选择和判断。

我们肯定无法令每个人都满意，我们只要有颗负责任的心，坚持做我们自己，你就是一个成功的人。

方式 32 依靠自己的努力换取快乐的生活

关键词：摆脱烦恼·快乐生活·平静生活

适用情景：当想要摆脱烦恼、快乐生活时，可学习运用此方式。

我们生命中的一切，一切的不快、悲哀、恐惧和不安都是我们自己的。我们可以自己做出选择，是要紧守不放，还是与持久的平静为伴。没有人能代替我们去放弃这些，我们必须自己决定放弃它们。最伟大的导师，也只能为我们指出真理之路。我们必须亲自实践，依靠自己的努力，放弃束缚灵魂和破坏平静的一切，才能获得自由和平静。

用更通俗的话说就是，我们必须自己去选择自己的生活，是快乐还是烦恼，是努力进取还是退却，这都是你自己的选择，我们要按自己的选择去生活，自己承受各自的结果。

人生好比一张白纸，你可以在白纸上用不同的色彩描画你未来的蓝图。但是，如果你呆呆地犹豫不决地画，你手中的画笔就会被人抢走，在你的白纸上涂画些什么，于是你的职业、你的收入、你的住所，甚至你一生的命运也就被别人决定了。

这里所说的别人，就是你的父母、你的老师、你的朋友、你的上司以及和你有联系的人甚至许多素未谋面的人。其实，我们大可不必把自己的命运交给别人来决定。现在有所成就并过着幸福生活的人们，没有一个不是努力开拓支配自己命运的。

家庭、社会，许多事、许多人，常常不尽如人意。不凑巧的事、倒霉的事、煞风景的事，构成了生活画面中不协调的经纬线，组合成生活中不和谐的音符。然而人生在世，忧愁也好、快乐也好，无可奈何、听之任之也好，

恰到好处的做人方式

置之不理、耿耿于怀也好，它们都在你的眼前，在你的生活中，在你一生的点点滴滴中。

现代人生活在紧张的竞争氛围中，应首先学会超脱，学会自寻快乐，才能保持良好的心态，轻松愉快地生活。这样做，首先得排除一切挥之不去的阴影，才能走出怨叹的怪圈。哀叹命运的不公，怨叹自己天生命不好，在摇首叹息之际　也就将命运交给了别人，怪谁呢？

美好的生活要靠我们的双手去创造。不要去依靠别人，不要等待别人来安排你的命运，否则，留下的只是一个失去活力的你。

生命是美好的，热爱生命，去奋斗，去进取，切莫等待！

第五章

恰到好处地展示

才华不可不露，也不能露尽

一个人锋芒毕露，其人际关系不可能好。很多人都有这个毛病，到哪里都要变成焦点，别人讲话他要插嘴，对什么事情都有意见……这些都是锋芒毕露的表现。锋芒毕露不一定会出人头地，因为所有的人都会找机会把你的锋芒除掉。很多人年轻时有棱有角，后来却变得很圆滑，就是因为受了很多打击。

方式33 直木先伐，过人的才华不必锋芒毕露

关键词： 才华外露·脱颖而出·显露自己

适用情景： 总想显露自己的才华、锋芒太盛的人需学习运用此方式。

进入社会时，朋友会告诉你："一定要锋芒毕露，这样才能在同辈中脱颖而出，是千里马就应该跑在最前头！"同时长者也会告诫你："年轻人切忌锋芒太盛，'直木先伐'，所以应当藏而不露！"其实这两种说法都走了极端，如果你能感悟儒家的中庸之道，半藏半露会让你更加出色。

或许你有别人不具有的特殊才能，甚至还有经天纬地之才，但刚刚进入一个新的工作环境，没有人了解你，领导看你就像一张白纸，文章作得怎么样就看你的发挥了。

因此，从这个角度上讲，要想怀才而遇，就必须才华外露。不露，就没人知道你有这种才能；领导不了解你，也就没法重用你、提拔你。如果你把自己的能力一直隐藏起来，时间一久，领导就会认为你是无能之辈，不再理你了。

"露"，还要看你的领导是怎样的人。如果上司开明，他会因你外露的才能而重用你。如果你在嫉贤妒能的领导面前"露"起来没完，就要走背运了。有些领导不愿意把风采和才华俱胜于己的人留在身边，因为他们要防着不让人取而代之，在这样的领导面前乱露而走背运的例子从古至今比比皆是。

中国还有句俗语，叫做"出头的橡子先烂"，说的正是为人不可太露的道理，《庄子》中的"直木先伐，甘井先竭"，说的也是这个道理。挺拔的树木容易被伐木者看中，甘甜的井水最容易被喝光。才华横溢、锋芒毕露的人也

恰到好处的做人方式

最容易受到伤害。因此，作为一个人，尤其是作为一个有才华的人，要把握好露与不露的分寸，既有效地保护自我，又能充分发挥自己的才华，不仅要战胜盲目骄傲自大的心理，凡事不要太张狂太咄咄逼人，更要养成谦虚让人的修养。

在现实生活中存在着一些自视颇高的人，他们锐气旺盛，处世不留余地，待人咄咄逼人。他们虽然也有充沛的精力、很高的热情，也有一定的才能，但这种人却往往过于天真，没有把握好露与不露的关系。

有一个刚到某单位工作的大学生，虽然只是一个普通的小职员，却对单位的这也看不惯，那也看不顺眼，未到一个月，他就给单位领导呈上了洋洋万言的意见书，上至单位领导的工作作风与方法，下至单位职工的福利，他都一一列举了现存的问题与弊端，提出了周详的改进意见。他被单位的某些掌握实权的领导视为狂妄、骄傲乃至神经病，领导不仅没有采纳他的意见，反而借单位调整发展方向的理由辞退了他。两年之内，他因同样的情况，换了好几个单位，而且还是后一个比前一个更不如意，他牢骚更甚，意见更多。

此人作为锋芒毕露的典型，在新的人际交往圈子中未能处理好包括上下级在内的各种关系，加上在工作上又不注意讲究策略与方式，结果不仅妨碍了最大限度地发挥个人的才能，还招来了他人的妒忌和排斥。这种人就是看不到社会的阴暗面，把社会看得过于简单和理想化，而且不知道及时改变自己的思想，因而，他们往往不是因为锋芒毕露走向成功，就是因屡受挫折而一蹶不振。

古人认为，有锋芒是好事，是事业成功的基础，在适当的场合显露一下既有必要，也是应当。然而，锋芒可以刺伤别人，也会刺伤自己，运用起来应小心翼翼，平时应插在剑鞘中。所谓物极必反，过分外露自己的才华只会导致自己的失败。尤其是做大事的人，锋芒毕露既不能达到事业成功的目的，还可能四处树敌，遭遇险境。

清末有个湖南永州镇总兵樊燮，湖北恩施人，声名不佳。有一次樊燮去见给湖南巡抚骆秉章当师爷的左宗棠，谈到永州的防务情形，樊燮一问三不知，而且礼貌上不大周到，左宗棠大为光火，当时甩了他一个大嘴巴，而且立即办了个奏稿，痛劾樊燮"贪纵不法，声名恶劣"，其中有"目不识丁"的考语，也不告诉骆秉章就发出去了。

樊燮是否"贪纵不法"，犹待查明，但"目不识丁"何能当总兵官？当下便将他先革职，后查办。这"目不识丁"四字，在樊燮心里，比烙铁烫出来的还要深刻，"解甲归田"以后，好在克扣下来的军饷很不少，当下延聘名师教他的独子读书，他在书房里"天地君亲师"的木牌旁边，贴一张梅红笺，写的就是"目不识丁"四字。他告诉他的儿子说："左宗棠不过是个举人，就这么样的神气，你将来不中进士，就不是我的儿子。"他这个儿子倒也很争气，后来不但中了进士，而且点了翰林，早年就是名士，此人就是樊增祥。

一方面教子，一方面还要报仇。樊燮走门路，告到骆秉章的上司、两广总督官文那里，又派人进京，在都察院递呈鸣冤。官文为此案出奏，有一句很厉害的话，叫做"一官两印"，意思是说有两个人在做湖南巡抚。名器不可假人，何况是封疆大吏，这件事便很严重了。

后来经多位高官前辈保奏，左宗棠终于免罪，可这场锋芒太盛而惹的乱子着实不轻。

一个人在社会上，如果不合时宜过分地张扬、卖弄，那么不管多么优秀，都难免会遭到明枪暗箭的打击和攻讦。

锋芒是非常扎眼的，会让许多心胸狭窄的人受不了。一些急于显露自己才能和实力、处处张扬自己的人，往往会"出师未捷身先死"，而一些善于掩饰自己的人，却往往能抓住时机，一举成功。含蓄节制乃生存与制胜的法宝，其中的分寸需要我们在为人处世中慢慢修炼。

恰到好处的做人方式

方式 34 展示实力时要选择适当的时机

关键词：展示实力·选择时机·不露声色

适用情景：要想不露声色地显露自己的实力时，需学习运用此方式。

人活在世上，争取更大的成就、更多的利益，也是我们的一项最基本的权利，本身并无可厚非。只是如何去"争"，就使不同的人有了简单与缜密、莽撞与周全的分界，高下立见。

这里面最重要的，就是对时机的选择。什么时候条件成熟了，各种关系也理顺了，这时候你再站出来去摘自己羡慕已久的果子，才摘得名正言顺。

在西汉末年平帝当政时，只有十几岁，还没有立皇后。大臣王莽属于太后一族，是势力强大的外戚，一直有篡位的意图。为了使自己的地位更为稳固，王莽想把自己的女儿许给平帝当皇后。

一天，他向太后建议说："皇帝即位已经 3 年了，还没有立皇后，现在应该选一个贤淑的女子入主中宫。"太后哪有不允之理。一时间，许多达官显贵争着把自己的女儿报到朝廷，王莽当然也不例外。然而王莽想到，报上来的女孩中，有许多人比自己的女儿强，不耍花招，女儿未必能入选。于是他又去见太后，故作谦逊地说："我无功无德，我的女儿也才貌平常，不敢与其他女子同时并举。请下令不要让我的女儿入选吧。"太后没有看出王莽的用心，反而相信了他的"至诚"，马上下诏："安汉公（王莽的爵号）之女乃是我娘家女儿，不用入选了。"

王莽如果真是有意避让，把自己的女儿撤回来也就罢了，但经他鼓动太后一下令，反而突出了他的女儿，引起了朝野的同情。每天都有上千人要求选王莽之女为皇后。朝中大臣也给说情，他们说："安汉公德高望重，如今选立皇后，为什么单把安汉公的女儿排除在外？这难道是顺从天意吗？我们希望把安汉公之女立为皇后!"于是王莽又派人前去劝阻,结果是越劝阻说情的人越多。太后没有办法,只好同意王莽的女儿入选。

王莽抓住这个时机又假惺惺地说:"应该从所有被征招来的女子中,挑选最适合的人立为皇后。"朝中大臣们力争说:"立安汉公之女为皇后,是人心所向。难道还要违背天意人心,去选别的女子吗?"王莽看到自己的女儿被立为皇后已成定局,才没有表示推辞。不久,王莽的女儿就当上了皇后。

轻易不出手,一击必中才可称得上是你的秘密武器。而选择在不成熟的时机和不适宜的地点出头,无异于是把自己挂出去当靶子。你越是骄傲,敌人反击的力量也就越大,如果把自己放在弱势的地位,用自谦的话体现你的君子之风,反而会赢得别人的同情和尊重。

应该承认,没有哪一个人在生存竞争中有100%成功的把握。如果有的话,该竞争就不能称之为竞争了。所以,我们要学会韬光养晦,选择好出头的时机,这有助于我们保存实力,不做无谓的角逐。

1966年1月,印度总理夏斯特里突然去世。消息传出,印度政坛各派便纷纷出马,试图在角逐新总理职位中一举成功。

当时,国大党资历最深的德塞和代总理南达是争夺新总理职位最强有力的人选。印度第一任总理尼赫鲁的女儿英迪拉不过是宣传与广播部的部长,自从她的父亲逝世后,她的处境一直很艰难。然而,英迪拉却向她的幕僚表示了竞选总理的决心。怎样才能击败强大的对手呢?经过冷静的分析之后,英迪拉决定采取深藏不露的策略,不操之过急,也不泄露天机,等到条件成熟时再予以出击。

形势的发展果然如英迪拉所料。德塞以唯一的候选人自居,南达也声称总理非自己莫属,两个人互相攻击,无所不用其极,他们的骄横固执令选民大失所望,引起国大党内辛迪加派的不满。辛迪加派在国大党内和政府中有绞强的势力,针对德塞和南达的表现,他们一致同意阻止德塞和南达上台,另觅新的候选人。

由于英迪拉没有过早地投入角逐,她给公众的印象仍然是一个有谦恭风

恰到好处的做人方式

范的政治家。在局势对她有利的情况下，英迪拉不失时机地开始行动。她凭借大名鼎鼎的尼赫鲁之女的特殊身份，说服并得到了辛迪加派的支持，显示出其卓越的政治才华。经过辛迪加派的疏通，国大党执政的 10 个邦的首席部长表示支持英迪拉当总理。南达见称雄政坛无望，宣布退出竞选。唯有德塞欲与英迪拉"决一死战"。德塞对英迪拉大肆攻击和挖苦，令听者感到反感。而英迪拉以女性特有的温和态度行事，获得公众的一致好评。

1966 年 1 月 19 日，英迪拉以 355 票的优势票数当选为印度第一位女总理。

在这里，英迪拉成功的奥秘在于她处于劣势时善于守拙，深藏不露，在时机到来时果断出击，周旋于政治力量之间，利用矛盾，寻求支持，最后终于登上了权力的巅峰。

现代社会有句流行语：高调做事，低调做人。我们在一切竞争中，都要适当克制自己的欲望，不要过分冲动而使自己的急切溢于言表，也不要过早地卷入竞争之中，否则将给自己的事业带来不利。

所有的竞争过程，实际都存在一个比较普遍的规律——淘汰制。也就是说，它是通过不断淘汰来实现的。而这种淘汰又往往是以某种不太公平的方式进行的。在没有把握的情况下如果晚点进行这个程序，观察得更仔细一些，往往成功的可能性也就越大。

如果你过早地卷入竞争，就会过早地暴露了自己的实力，也同时显出了自己的缺陷，以至于在竞争中往往处于不利的被动境地。在一般的情况下，人们在竞争初期总是十分谨慎地保护自己，尽可能地做到不露声色。这样，就可以在知己知彼的情况下，获得竞争中的主动权。

方式 35 要懂得谦让，不要自吹自擂

关键词： 妄自尊大·高看自己·小看别人

适用情景： 总怕别人小看自己而喜欢表现自己的人需学习运用此方式。

清代著名诗人和诗评家沈德潜做过礼部尚书，生前深得乾隆帝恩宠，乾隆帝南巡时喜欢到处题诗，每有所作，则令沈氏润色，甚至由沈氏代为捉刀。沈氏为了炫耀自己，常对诗友说某首御制诗是他改的，某首诗是他代写的。说者无意，但却得罪了皇帝。后因沈氏《咏黑牡丹诗》中有"夺朱非正色，异种也称王"一句而下狱，死后被剖棺碎尸。文字狱是中国帝王的一大"法宝"，以言治罪的教训不能不吸取。

事实上，那些谦让而豁达的人们总能赢得更多的朋友；相反，那些妄自尊大、高看自己、小看别人的人总会引起别人的反感，最终在交往中使自己走到孤立无援的地步。

任何人都希望得到别人肯定性的评价，都在不自觉地强烈维护着自己的形象和尊严。如果一个人的谈话对手过分地显示出高人一等的优越感，那么无形之中是对他自己自尊和自信的一种挑战与轻视，排斥心理乃至敌意也就不自觉地产生了。

齐小姐是一个优秀的女性，可就是没什么朋友。同事们都不爱和她交往，因为一跟她交往，就成了她的"绿叶"。每一次聚会，她都毫不掩饰地表现出自己在某一方面比别人优越：身材比小张好，学历比小李高，工资比小赵多，房子比小吴大……每次她都兴致勃勃地说这些话，扬扬自得，让朋友们感到非常厌烦，所以后来大家都不愿理她了。

人心都是很微妙的，对于一个四处炫耀自己的人，大家都会不由自主地

恰到好处的做人方式

对他产生排挤心理："他那点成绩算什么呀！""没有我们的帮助，他能做到这一步吗？"各种抵制和不满的情绪就会扩散开来。而对一个低调的人，大家反而会记得他的成就。

也许你以为自己伟大，但别人不一定会同意你的看法，自己捧自己，决不能捧得太高，好夸大自己事业的重要性，间接为自己吹擂，纵使你平日备受崇敬，听了这些话后，别人也会觉得不高兴。世间没有一件足以向人夸耀的事情，自己不吹擂时，别人还会来称颂，自己说了，人家反而瞧不起你了。

老子曾说过"良贾深藏财若虚，君子盛德貌若愚"，是说商人总是隐藏其宝物，君子品德高尚，而外貌却显得愚笨。这句话告诉人们，必要时要藏其锋芒，收其锐气，不可不分青红皂白将自己的才能让人一览无余。如果你的长处与短处被身边的人看透，就很容易被他们操纵了。

楚汉战争结束后，有人密报韩信谋反，刘邦将其拘捕后带至洛阳。此时韩信最大的过错是包庇一逃犯钟离眜，在封国内簇兵招摇巡视，还构不成谋反罪，然而韩信的致命弱点就在于他的思想还停留在列国林立的时代，认为在封国之内他有权任意处置一切，对于在专制主义中央集权条件下做一名诸侯王很不适应。因而与汉中央的矛盾和冲突就难以避免。

刘邦未动刀兵就生擒韩信，但并未就此杀掉他，而是将他贬职监视起来。从当时的处境来看，韩信如能以此为转折点，在与刘邦的关系处理上像萧何一样谨小慎微，且忠心到底，或像张良一样激流勇退而明哲保身，即使刘邦想除掉他也找不到正当理由和事实根据，如此尚可颐养天年，得以善终。可惜的是他并没吸取教训，做出明智的选择，相反却委屈终日而耿耿于怀，同时在这种恶劣情绪支配下内心深处的叛逆意识反倒强烈增长。他先是采取一种消极的反抗办法，常常"称病不朝从"，觉得由王降为侯，地位与灌婴、周勃、樊哙等原来的部下等同，十分难堪，心情异常郁闷。耐力不足的韩信经历了由失望、怨尤到愤怒、仇恨的心理历程，最终走上了谋反之路。

韩信善于立功，却不会避祸。在一些君王十分敏感或忌讳的事情上不知避嫌，政治上乏智却自恃过高，锋芒毕露而终遭致杀身之祸。

世上有才华的人多了去了，但不管具有哪一方面突出的才干，总要与处世之才结合起来，才能得到充分的发挥。有人用你，你就是人才，若四处招忌，恐怕这一生一世也不会有机会了。

在当今的社会上，真正成功的人士，往往都是懂得谦虚待人的人。因为他们从自己的经历中，体会了世事的艰难，懂得为人处世的重要。而凡是那些说话"冲"、做事飞扬跋扈的人，往往都是不谙世事的人。

管理学大师曾仕强认为：中国人为什么会立于不败之地？就是因为我们很会保护自己。比如，有人问："对这件事你有什么看法？"中国人肯定说："我不懂。"这样，就没有任何责任了。然后他听听大家的看法，听来听去觉得还没有自己懂得多，于是就站起来说："我刚刚想到怎么办，让我试试看。"结果不言而喻。中国人在没有确保安全的时候，不会轻易出手。

所以说，一个有能力就表现出来的人，是没有什么前途的。

凡是有修养的人，必定不会随便说及自己，更不会夸张自己，他很明白，个人的事业行为在旁人看来是清清楚楚的，没必要自己去说，人们自会清楚。

方式 36 该"秀"的时候一定不要客气，而且要"秀"得精彩

关键词：适当表现·展示自我·肯做肯说

适用情景：不喜欢表现自己、展示自我的人需学习运用此方式。

不表现自己，别人就不知道你做出了努力。上司不是全能的，手下那么多员工，不可能做到事无巨细，一一了解。上司看到的往往是结果，而不是过程。如果你觉得自己做得多，得到的少，就应该让你的上司知道你实际付出了多少。

恰到好处的做人方式

有的员工在工作上完全称得上尽职尽责，他的勤奋在部门里是有目共睹的。可能会为了核对一个数据，不惜夜以继日，将白天做的工作重新审查一遍，以确保准确无误。然而在部门之外，部门经理以上，就没有人知道你到底花了多少心思，做了多少额外的工作了。

相反，有些人对业务的熟练程度可能不如刚才讲的那名员工，但他的工作积极性很高，不仅虚心向他人请教，而且经常就工作中一些可改进的地方向上级提出合理化建议。在工作空闲阶段，只要看到其他同事忙得不亦乐乎，就会主动伸出援手；或者会自觉找到领导，要求承担额外工作。此外，如果有可能，他还会定期向部门经理汇报最近一段时间工作上得到的收获和遇到的困惑，这样一方面有助于更好地开展工作，另一方面也有助于领导了解他的实际工作量。

生活中常有这样的情况：有的人做了很多，但升迁、加薪的往往不是他；有的人虽然做得不是很多，但却引来上司的赞赏、同事的羡慕，加薪等好事也自然总是属于他。相信每个人都想做后者而不想做前者，那么如何让对方看到你所做的？如何让上司关注你呢？

公司通常有这样三类人群。第一类，只肯做不愿说；第二类，不肯做只会说；第三类，既肯做又能说。张慧就是个中高手。她的企划不一定就是最具创意的，但她的演绎方式却每次都让人耳目一新。即使最后选中的不是她的方案，上司也一定会让她参与，往往最后能抢得项目的最出彩部分，论功行赏的时候，她得到的也都是头一份。

有人以"让老板看到你的成绩"为题做了一次调查，有 **38%** 的受访者表示，老板主动看到了自己的工作成绩；**27%** 的人认为，经过暗示和提醒老板才看到成绩；而有 **35%** 的人认为，老板根本不注意自己的成绩。可见，老板看不到自己所做出的成绩的比例还是相当高的。假如你在老板的心目中没有任何业绩可言，你的地位也就岌岌可危了。那么，应该如何恰当地表现自己呢？

要知道，哪家大公司不是 **MBA**、名校毕业生一大把，要成为真正出类拔萃的员工，不是三五年就出得了头的。要尽快脱颖而出，当然要展示你的成果。要让上司知道你勤奋工作，并不一定要在办公室苦干到 9 点或 10 点。或许可以试试在夜里 12 点或清晨 6 点给上司发封重要的邮件，没有人会询问你当时在哪里，之前是否一直在工作。

为什么要固执地等待老板放下身段，来殷殷垂询你的精辟见解，或者光辉业绩呢？该"秀"的时候一定不要客气，而且要"秀"得精彩。

方式 37　即便你真的很有才，也不能恃才傲物

关键词：恃才傲物·不懂装懂·保持谦逊
适用情景：好为人师、喜欢对别人指指点点的人需要运用此方式。

在生活中一些不懂装懂、好为人师的人，就是把自己看得太能耐，这样做的原因就是自以为了不起，这种人只会使人讨厌、厌恶而已，即便你真的很有才，也不能恃才傲物，显得自己很了不起。可以说，这是吸引他人追随你必需的态度。

在生活中，我们常犯这样的毛病，喜欢对别人指指点点，说这不好，说那不对，应该这样，应该那样，俨然一副导师的样子。其实这种好为人师、喜欢指指点点的毛病，不但无意中伤了别人，让人觉得难堪，也在不知不觉中为人所厌恶。

孔子说："三人行，必有我师焉。"这句话的意思非常实在，因为人各有所长，智慧也各有高低，因此人们应该时时留心学习别人的长处，因此孔子这句话也是很有人生价值的。在人群中，你以别人为师，除了可以增进自己的知识之外，也可以让对方感到开心。

有一种人，喜欢指正人的缺点，例如，交友方式、衣服发型、教育子女的方法，将自己的意见强加给别人，还自以为很高明，沾沾自喜。这种人可

恰到好处的 做人 方式

能是善心好意，觉得应该对别人的缺点和错误指出来。却不知这种自以为是、认为别人观念有问题、只有他的观念才对的方式，已经侵犯了人家，在不知不觉中将自己的审美观、价值观强加在别人身上，无意中伤害了别人的感情。

因此，需要注意的是，不管你基于什么心态，也不管你的意见是对还是错，是好运是坏，一旦你口无遮拦很冒失地说出来，就犯了一个忌讳：侵犯了别人，伤害了对方的感情和自尊。

一般来说，每个人都有自己的审美价值观，这些审美观和价值观组成了一个敏感的自我。你若不了解这一点，轻易地指出你自以为是他的错误的那些事情，他会明显地感受到你对他的侵犯，他的自尊心受到了你的伤害。因此有可能他不但不接受你的"好意"，还会对你产生厌恶。尤其在工作方面，你指指点点的样子，根本就是在否定别人的智慧和能力，这样只会让别人更加地讨厌你。

因此，我们应常常说些类似"我自己也没有什么了不起的，而你也是差不多的吧"等让对方产生亲切感的话语。

"我是个笨蛋，但你也不聪明啦"的说法也属于此类。

一个人能放下身段，保持谦逊，对方是会感到很有自尊的。所以可以很乐意地告诉你他所知道的，你也因此可以获得超乎期待的资讯，还可以做到笼络人心，可以说是一举多得。

不要轻易在别人面前指指点点，将自己当做高明的人，这样做，既伤害了别人的自尊，同时也招致别人的厌恶。

80

方式38 没有"内功"的支撑，再华丽的外表也只是个空架子

关键词：外显·实力·积蓄力量

适用情景：没有真正的实力、只想拼命外显的人需学习此方式。

做人不能没有骨气，奴颜媚骨的人只会遭人唾弃；同时，做人也绝对不可有傲气，傲气是人际关系的大敌。

看看吧，一些拼命外显的人，由于没有"内功"的支撑，很快就会趴下。武侠小说中的真正高手，根本不用使出那些纷繁复杂的花架子招式，一招就能将对手制伏。凭的什么？凭的就是其深厚的功力。做人也是这样，只有练好自己的"内功"，暗中积蓄力量，一旦时机成熟就采取行动，想不成功都难。

在演艺界，昙花一现的艺人很多，但是像刘德华这样持续走红20几年的极其罕见。2001年、2002年刘德华以一票之差错失金马大奖，不知有多少人为他鸣不平，2004年，三次获得金马奖提名的刘德华终于凭借《无间道3》获得了影帝称号。从1984年进入乐坛开始，到2000年4月，刘德华史无前例地得到了292个乐坛奖项，平均每年拿18个奖。

刘德华凭什么红足20几年？他的粉丝会不假思索地说："勤奋、形象正面、靓仔。"这些年香港娱乐圈的负面新闻接二连三，数不完的各类案件牵涉到多位艺人，有吸毒行为的艺人更是不在少数，这一切都与刘德华不沾边，多年来他一直保持着健康、正面的公众形象，发挥着自己的号召力。

成名前的刘德华一天到晚时间都排得满满的。艺员培训班的日子在刘德华眼里闪着七彩的光芒和希望。毕业后的刘德华签约无线电视台，但是一切

恰到好处的 做人 方式

并不如他想象的那样顺畅。

"365个跑龙套的日子，我一直沉着气，没有气馁。我需要耐心地等待机会。"

一个《仨来香》的音乐录影带，刘德华在里面演个小角色；周润发主演的《鳄鱼潭》需要杀手一名，也是刘德华。

就是因为这些小角色，就是因为跟这些大明星有过合作，刘德华的第一个主角电影制片人对他说："周润发、林子祥差不多同时在我面前提起你，说有个小子很不错，叫刘德华，外形好，演戏也不差，最重要的是他很拼命，工作态度一流。

刘德华的处女作《投奔怒海》不仅得到了观众广泛的认同，也引起了影评界的极大关注，创下1500万港元的票房纪录。这个数字在20世纪80年代初，几乎是一个天文数字，全香港，只有李小龙、成龙等人曾经打破这一纪录。作为片中两个男主角之一，刘德华的名字一夜间红遍大江南北。

这一红，就是20几年。

有人曾调侃过经常和刘德华搭戏的郑秀文，问她在选男人时会不会选刘德华这种类型的，郑秀文连连摆手加摇头：啊呀，不要不要，他太完美了！一个男人又帅，又有钱，又体贴，人又好，又努力，还是零绯闻。跟他在一起会有很大压力，太担心每天围在他身边的女人了。

在演艺圈里，"赚钱"很容易，"赚口碑"很难；"演戏"很容易，"做人"很难——你要对得起观众，对得起老板，对得起媒体，很多时候甚至要对得起小人。这些，刘德华都做到了。

一些拼命外显的人，由于没有"内功"的支撑，很快就会趴下。只有练好自己的"内功"，暗中积蓄力量，一旦时机成熟就采取行动，自然而然会成功。

第六章

恰到好处地容忍

允许他人有缺点，但不能纵容

　　若想获得成功，就要广交天下人才，而百样米养百样人，每个人不免都有自己性格上的缺失，这就需要我们用全局性的目光来看待，不计较他人小节上的不检点。

　　在一个人身上，正直与憨傻、质朴与愚钝、耿介与狭隘、庄重与怠慢、机辩与放纵、诚信与拘谨，往往都是连在一起的，关键在于我们的着眼点在哪里。如果我们取其中的一个人身上美好的一面，对于他小小的疏失就不会介意。能做到这一点，我们就又从自己狭窄的人生格局里走出了一步。

方式 39 不要期望别人十全十美

关键词：十全十美·金无足赤·人无完人

适用情景：在用人和交友上，总希望别人十全十美时，需学习运用此方式。

每一个想做出一番事业的人，靠单打独斗是无法取得成功的。最理想的局面，是有一些能力既强、性格又沉稳、品格又高尚的人来支持和帮助我们，可惜的是，这种人在现实中凤毛麟角，是可遇而不可求的。

"金无足赤，人无完人"，有魄力的人，可能粗枝大叶；心细的人，可能手会放不开；老实肯干的人，脑袋瓜子可能不灵活，像算盘珠子似的拨一下动一下；而脑袋瓜子灵活的，又可能偷巧卖乖，办起事来让人不放心，甚至于有一些人有某些特殊的本领，但在其他方面却完全一无是处。

在用人和交友上，白璧无瑕、文武全才者固然是最为理想的人选，但现实生活中往往会出现鱼和熊掌不可兼得的情况。这个时候，到底用"有瑕玉"还是"无瑕石"，就要看用人者的眼光了。

刘邦与项羽争夺天下，陈平本来侍奉项羽，但时间一长，陈平发现项羽不足以成大事，便弃之而投靠刘邦。刘邦对其格外看重，这引起了他手下人的不满，他们纷纷说陈平的坏话。

一天，周勃和灌婴跑来对汉王说："陈平的脸蛋儿长得固然不错，但这就像帽子上的明珠，外表光亮，内部却并不怎么样。听说他在家里和自己的嫂子私通，侍奉魏王不忠，才叛逃到楚国。在楚国干了坏事，又来投奔我们。大王非常器重他，按说他应该知恩报恩，但是，他却贪心不足，以权谋私，收受诸将贿赂！"

三人成虎，众口铄金。刘邦对陈平的信任动摇了，他责问魏无知为什么

恰到好处的做人方式

要推荐如此品行不端的人来。

魏无知对这些传言的真实性也说不清楚，只能从道理上开导汉王说："臣推荐的是陈平的才能，而大王责怪的是陈平的品德。眼下是两军对垒，正是你死我活的非常时期，即使有像尾生那样守约、像孝己那样孝顺的人，他的品德固然高尚，可对赢得当前这场战争能有什么作用呢？臣推荐奇谋之士，是为了打败楚军。至于和嫂子私通、接受贿赂的事，还是请大王问问陈平本人。"

汉王听完魏无知的话，火气已消了大半。他便把陈平叫来查对。

"盗嫂"的事，本属子虚乌有，陈平一笑了之。对于"受金"，陈平则直言不讳："臣离开楚营前全部退还了项王赏给的黄金，两手空空到了汉营。但是，没有一笔钱，就办不成大事情。所以，臣又想办法积攒了一批金银。现在，如果大王觉得臣的计谋可以用，臣留下；如果大王觉得臣的计谋不能用，请大王准臣辞别归乡。所有的钱财都放在库里，臣分文未动，大王要收回去还来得及。"

汉王听了，大受感动，离开座位，拉着陈平的手说："寡人错怪你了，请勿介意。"随即把陈平升为护军中尉，并赏赐了他丰厚的钱物。汉军将士也渐渐消除了对陈平的成见。之后陈平助汉王定天下，屡立奇功。

能成大事者，都善于放弃局部，从全局的高度来分析问题和解决问题。如果一味地事无巨细，每件事都要一是一，二是二，没有一点余地和灵活性，那么你的事业就要出现许多危机。

我国清末富可敌国的大商人胡雪岩在用人的时候，非常注重对其全方位的衡量和考察，独具慧眼，发现别人的长处。这一点使他获得了不少难得的人才。

陈世龙外号"小和尚"，原是一个整日混迹于湖州赌场街头、吃喝玩赌无所不精的"混混"。这样的人，在别人眼里自然是不值一提的。在他人看来，胡雪岩把他带在身边，实在是自讨麻烦。

但胡雪岩对"小和尚"颇为欣赏，认为他虽不是做档手的材料，却是一个跑外的好手，因而决意要栽培、再造他。

这是因为，他看到了陈世龙的长处：

第一，这小伙子很机灵。胡雪岩与"小和尚"认识，其实很偶然，只是在湖州找朋友郁四的时候，托他带了带路，但就这一面之缘，胡雪岩发现他与人交往不露怯，对胡雪岩提出的问题，既对答如流，又合适得体。胡雪岩对他的第一印象就是："这后生可以造就。"

第二，这小伙子不会吃里扒外。这是胡雪岩在郁四那里了解到的。郁四虽然认为"小和尚"太精，而且吃喝玩赌样样都来，但对他不吃里扒外倒是给了相当公正的评价。而说"小和尚""太精"，又恰好证明了胡雪岩认为这小伙子很机灵的第一印象。

第三，最难得的是这小伙子还很有血性，说话算数。这是胡雪岩自己试出来的。胡雪岩在正式决定将"小和尚"收到自己身边之前，和他谈了一次话，临分手时给了他一张50两的银票要他拿去随便用。此前，"小和尚"已经答应胡雪岩要戒赌，胡雪岩知道好赌的人身上有钱手就会痒痒，他要试试这小子是不是心口如一。"小和尚"虽然忍不住当晚还是到赌场转了一转，但终归还是拒绝了别人的诱惑没有下场，这一点便更让胡雪岩看重。胡雪岩本来就有一个说法，看一个人怎么样，就是看他说话算不算数。

在胡雪岩看来，一个小伙子吃喝玩赌都不要紧，最重要的是有本事、有志气。缺点毛病再多，有志气的人都可以改掉。只要做人有原则，什么其他的短处都不重要。胡雪岩就是看中了陈世龙的这点长处，将他变成了一个可造之材，成了自己跑江湖、泡官场的得力助手、左膀右臂。

所谓"样样都可以"，其实必然是一无是处。才干越高的人，其缺点往往越明显。有高山必有深谷，谁也不可能十项全能。所以我们在评价一个人的时候，要注意收集多方面的信息，综合衡量他的优劣长短，如果仅凭一件事就得出肯定或者否定他的结论，最后很可能是误人误己。

恰到好处的做人方式

方式 40 与人为善，严于律己，宽以待人

关键词： 与人为善·严于律己·宽以待人

适用情景： 总是一味地指责别人的人需学习运用此方式。

许多自诩为"有话直说"、"想到什么说什么"、"直筒子脾气"的人，其实是简单地用自己的观念和习惯去衡量别人的态度与行为，一遇到不对自己胃口的事立刻就去指责，实际上这并不是对人善意的真诚，只是自我不悦情绪的随意宣泄。出言不逊者只会自食苦果，只有处处与人为善，严于责己，宽以待人，才会建立与人和睦相处的关系。

某大学有位中年知识分子给研究生讲现代汉语语法研究专题。有一次，负责研究生具体工作的年轻老师向他反映研究生对他的意见，说："你讲得不深不透。他们不是大学生了，不爱听炒冷饭的课。"直率是很直率，可是这位中年知识分子听了却来了情绪："炒冷饭！我不炒不就是了吗！"说完，拂袖而去。如果年轻老师会说话，他应该委婉些，把批评意见当成"希望"、"建议"说出来。比如可以这样说："这些研究生的水平比较高，他们希望您讲点新见解、新材料，讲点国外语言研究的动态。"这样，对方就容易接受。

如果你不笨，就该知道话要怎样说出口。人类为什么要开口说话呢？为了沟通。你说话是为了传达一个信息，达到一定的效果，或完成一项指令。每个意思都有不同的表达方式：强制、请求、命令、建议……哪一个是让人容易接受的？说话是为了语言背后的目的。为了不白说，就不能说得硬梆梆的砸人。

美国总统威尔逊说过："假如你握紧两只拳头来找我，我想我可以告诉你，我会把拳头握得更紧；但假如你找我来，说道：'让我们坐下商谈一番，

假如我们之间的意见有不同之处，看看原因何在，主要的症结在什么地方？"我们会觉得彼此的意见相差不是十分远。我们的意见不同之点少，相同之点多，并且只需彼此有耐性、诚意和愿望去接近，我们相处并不是十分难的，那么这样一来，我就会非常高兴并愿意与你一起商谈。"

某工程师嫌房租太高了，要求减低一点，但是他知道房东是一个极其固执的人，他说："我写给房东的一封信上说，等房子合同期满我就不继续租了，但实际上我并不想搬家。假如房租能减低一点我就继续租下去，但恐怕很难，别的租户也曾经交涉过都没成功。许多人对我说房东是一位很难对付的人。可是我自己心中说：'我正在学习如何待人这一课，所以我将要在他身上试一下，看看有无效果。'"

"结果，房东接到我的信后，便带着他的租赁契约来找我，我在家亲切招待他。一开始并不说房租太贵，我先说如何喜欢他的房子，请相信我，我确是'真诚地予以赞美'。我表示佩服他管理这些房产的本领，并且说我真想再续租一年，但是我负担不起房租。"

"他好像从来不曾听见过房客对他这样说过话，他简直不知道该怎样处置。随后他对我讲了他的难处，以前有一位房客给他写过 40 封信，有些话简直等于侮辱，又有一位房客恐吓他说，假如他不能让楼上住的一个房客在夜间停止打鼾，就要把房租契约撕碎。他对我说：'有一位像你这样的房客，心里是多么舒服呀。'继之不等我开口，他就替我减去一点房租。我想要多减点，因此就说出所能负担的房租数目来，他二话不说就答应了。"

"临走的时候，他又转身问我房子有没有应该装修的地方。假如我也用别的房客的方法要求他减房租，我敢说肯定也会像别人一样遭到失败。我之所以胜利，全靠这种友好、同情、赞赏的方法。"

说到底，忠告的根本出发点是为了对方好。因此，要让对方明白你的一番好意，就必须谨慎行事，不可疏忽大意、过分草率。此外，讲话时态度一定要谦和诚恳，用语不能激烈，也不必过于委婉，否则对方就会产生你教训他、你假惺惺的反感情绪。

恰到好处的做人方式

一位丈夫对不不修边幅的妻子提出忠告：

"我说，你看邻居张先生的老婆哪天不是整整齐齐的，而你总是不修边幅，你就不能学学人家的好样吗？"

妻子往往会反击：

"学学人家？你的收入有人家丈夫多吗？你有了钱，难道我还不会打扮？"

虽然妻子明明知道自己的缺点，但出于自尊心，她没好气地回敬丈夫。丈夫的忠告失败了。

选择适当的场合和时机，是提出忠告的重要要素。原则上讲，提出忠告时，最好以一对一，就事论事，千万不能伤害对方的自尊。

有位商人受同事妻子的委托，劝说该同事戒酒。一天，这位商人正在酒馆里喝酒，刚好那个同事进来，于是这位商人马上劝告说："你不能喝酒，一喝就耍酒疯，谁也受不了！"那个同事听了气愤地说："好啊，你瞧不起我！我有钱，我就喝，谁也管不着！"说着便掏钱买了菜和酒，赌气地大喝起来。这位商人劝告失败的原因，就在于所选的时间、地点不对，造成了说话内容与说话时机之间的尖锐矛盾。如果换个场合相劝，也许会成功，至少不会使对方误解或反感。

提出忠告的最佳效果是让对方乐意接受你的忠告，使之成为一种力量。做到这一点不容易，总的来说，我们要注意以下原则：

真诚，站在对方的立场上；适度，把握好言语的分寸；理解，表示对方情有可原；切勿指责，尽量先肯定后指正；委婉暗示，旁敲侧击；分清场合，选准时机；分清对象。

方式 41 别与仇怨较劲儿

关键词：宽容·化解矛盾·和平共处

适用情景：当与人发生摩擦或产生一些小矛盾时，可运用此方式。

商场上的人都知道和气生财、以和为贵的道理，人与人之间的相处也一样，只有化解仇恨，和平共处，才谈得上共同做事。

古人有云："海纳百川，有容乃大，壁立万仞，无欲则刚。"宽容是人生最高贵的品质，学会用宽容调味人生，生命中就会增添许多乐趣。

宽容并非是不讲原则、不分是非、一味盲目地姑息纵容，而是在面对一些无足挂齿的小事时，不妨潇洒地挥手，让不愉快随风而去。宽容就如缕缕和煦的春风般，吹开我们心中的愁结，使快乐永驻心间。

事实上，人心往往不是靠武力征服的，而是靠宽容大度征服的。三国时期的著名军事家曹操就是这样一个不计私仇、宽以待人的人。张绣曾是曹操的死敌，陈琳曾为袁绍写檄文痛骂曹操，但他们归降后，曹操却不计前嫌，委以重任，才换来张绣与陈琳心悦诚服，诚心归顺。

《三国》里的人物，或许会有不共戴天之仇，但年轻人涉世之初，这种仇恨一般不至于达到那种地步。只不过是工作生活上的一点小摩擦罢了，只要矛盾没有发展到你死我活的境况，总是可以化解的。记住：敌意是一点一点增加的，也可以一点一点削弱。中国有句老话：冤家宜解不宜结。人与人之间，低头不见抬头见，还是少结冤家比较有利于你。

生活中常见的情况是，同事曾经与你为一个职位争得面红耳赤，不过，今天你俩已分别成为不同部门的主管，虽然没有直接接触，但将来的情况又有谁知道？所以你应该为将来铺好路。

恰到好处的做人方式

如果你无缘无故去邀约对方或送礼给他，太突兀，也太自贬身价了，应该伺机而动才好。例如，从人事部探知他的出生日期，在公司发动一个小型生日会，主动集资送礼物给他……记着，没有人能抗拒好意。

要是对方翟升新职，这就是最佳的时机了，写一张贺卡，衷心送出你的祝福吧，如果其他同事替他开庆祝会，你无论多忙碌，也要抽空参加，否则就私下请对方吃一顿午餐吧，恭贺之余，不妨多谈大家在工作方面的喜与乐，对过往的不愉快事件绝口不提，以此拉近双方距离。

记着，这些亲善工作必须提前抓紧时间去做，否则到了你与他有直接麻烦时才行动，就太迟了，也只会予人以"市侩"之感。

或许有些人认为，宽容是软弱的表现，宽容只能让我们退让和忍受。宽容应该是相互的，如果我对他宽容，他对我却不宽容，岂不是就吃了大亏？抱有这种认识和思想的人，实际上他们已经不宽容了，他们理解的宽容是片面的、极端的。

比如有甲、乙两人，如果某甲向某乙借用镰刀，结果遭到某乙拒绝。不久某乙向某甲借马，某甲遂答："上回你不借我镰刀，所以这回我不借马给你。"这是报复。

如果某甲向某乙借用镰刀，结果遭到某乙拒绝。不久某乙向某甲借马，某甲虽然答应，却趁借马之机向某乙说道："上回你不借我镰刀，但是这回我却借你马匹。"这是憎恶。

如果某甲向某乙借用镰刀，结果遭到某乙拒绝。不久某乙向某甲借马，某甲欣然答应，不但绝口不提上次借镰刀的事，还热情地告诉某乙这匹马的习性。这就是宽容。在现实生活中，我们见到的多是具有报复之心和憎恶之情的人，而那种具有宽容的博大胸怀的人，必将在众人中脱颖而出。

另外，即便只从"利己"的一面出发，忘掉过去的仇怨，也可以使我们轻装上阵，心中充满了自信与安定。

古希腊神话中有一位大英雄叫海格力斯。

一天，他走在坎坷不平的山路上，发现脚边有个像袋子似的东西很碍脚，海格力斯踩了那东西一脚，谁知那东西不但没被踩破，反而膨胀起来，加倍地扩大着。海格力斯恼羞成怒，操起一根碗口粗的木棒砸它，那东西竟然长大到把路堵死了。

正在这时，山中走出一位圣人，对海格力斯说："朋友，快别动它，忘了它，离它远去吧！它叫仇恨袋，你不侵犯它，它便小如当初；你侵犯它，它就会膨胀起来，挡住你的路，与你敌对到底！"

学会大度，对一些小小不言的冲突一笑而过，是我们在成长道路中的必学课程。

人活在社会上，难免与别人产生摩擦、误会，甚至仇恨，但别忘了在自己的仇恨袋里装满宽容，那样你就会少一分阻碍，多一分成功的机遇。否则，你将会永远被挡在通往成功的道路上，直至被打倒。

一味与仇恨较劲儿，浪费的是你的青春与精力。当有一天自己钻了牛角尖的时候，你可以换一种新的思维方式：把自己的力量都放在喜欢的、能产生成绩的事情上，你可以拍拍手转身走掉，决不会遭到任何阻拦。

方式 42 宁可自己受委屈，也要让别人满意

关键词：自己吃亏·保全面子·和谐相处

适用情景：与人交往、总怕自己吃亏时，可学习运用此方式。

宁愿自己吃亏，也要让别人满意，这才是君子的所作所为，自己吃亏可以使朋友、同事高兴，可以让大家都不伤面子、不伤情意，这样的人能不被人信赖吗？

甄宇生活在东汉前期，祖籍山东省安丘县。他从小就特别喜欢读书，对于儒家的经典无所不读。他长大以后，在学问上有独到的见解，在思想上完全尊奉孔子，在行动上也遵照儒家提倡的道德去做，因而在乡里有很好的名声。

恰到好处的做人方式

光武帝刘秀建武年间，朝廷听说甄宇很有学问，又待人宽厚，就把他征召到京城洛阳，任命他为博士。博士是教授官，在当时最高学府太学里任职，为太学生讲述儒家经典。

古时候，每年农历12月8日为腊日节，是祭祀百神的日子。每至腊日，光武帝刘秀都要向太学颁诏，表示慰问，并赏赐每个博士一只羊，以资鼓励。

有一年，又到了腊日节，光武帝派大臣到太学去慰问。大臣宣读诏书说：博士们讲学兢兢业业，十分辛苦。现在给每位博士赐羊一只，带回家中，与家人团聚，欢度节日。

诏书宣读完毕，博士们叩头谢过圣恩。随后使臣命随从把羊群赶进了太学院中，点过数目，交给太学的长官祭酒。

祭酒回到院中，仔细打量羊群，心中就犯了难。羊正好是14只，一人一只，有什么为难的呢？原来这些羊有大有小，肥瘦不一，怎么往下分呢？分到肥羊的当然会高兴，而分到瘦羊的，难免会说分配不公，待人有亲有疏。他想来想去，也没有想出个完全之法。最后只好把博士们都召集来，让大家商量，想一个众人都满意的方法。

有一个博士说："羊本来就有肥有瘦，如果每人领一只，怎么也不会平均。依我看，不如把羊全都宰了，大家分肉，每人一份，肥瘦搭配，就不存在不合理的事了。"

对这个主意，有的人赞同，但多数人不同意，认为血淋淋的肉不好往家拿。

于是又有一个人出了一个主意，他说："还是用抓阄的办法比较好，谁摊上什么样的就领什么样的，大小肥瘦全凭运气，也就不会有怨言了。"

在众人七嘴八舌争论的时候，甄宇静静地站在一旁，他想杀羊分肉、抓阄取羊的做法，都有损于博士的声誉，会让世人耻笑的。于是对祭酒和众博士高声说："还是一人领一只吧，让我先牵第一只。"

说着就走向了羊群。

大家正在怀疑观望之中，只见甄宇在羊群中选来选去，最后挑了一只最瘦小的。

大家看到这种情形，就没有人再争执了，都你谦我让，争着挑小的、瘦的。

皇帝听说了这事，下诏书给予褒奖，京城里的人都赞扬甄宇，管他叫瘦羊博士。

甄宇挑瘦羊看似一件小事，但却能体现出一个人的品德，如果人人都这样不怕吃亏，那么人间便多了几分和谐，少了许多不快。

为人处世，只有不怕吃亏，敢于吃亏，宁可自己吃亏去照顾大家情面，才能与人和谐相处，并赢取别人的信任，这样才会使自己处处受欢迎。

方式 43　真心相对，坦诚相见，消除一切隔阂

关键词：宽容·大度·真心

适用情景：当与人有隔阂时，需运用此方式。

孔子说："君子坦荡荡，小人常戚戚。"我们应该真心对待自己的朋友，以君子的胸怀与朋友相处，潇洒一些，大度一些，快乐将永远陪伴着你。

古人常说："千金易得，知己难求。"要想交到真正的朋友确实很难，但是，一分耕耘一分收获，只要你对朋友付出了真心，你也会得到朋友的真心回报。

很多人认为，所谓的人际关系就是互相利用，只要你能忽悠住人，能让别人照着你的意思做，你的生意就能做好。这种观点非常片面。事实上，伪装和欺骗虽然是很多人做生意的套路，但是并不是长久之计。要想真正让别人认可你，把生意做强做大，你就需要让别人从心底里接受你，因此你自身的素质、品性和修为就十分重要。其中，抱着真心相对、坦诚相见的态度与人交往，就更是必不可少。

有一家电机公司的业务员，有一段时间推销电机非常顺利，一个月时间

就卖出了 30 多台电机。可是不久后他发现他卖出的电机比其他公司同类型的电机价格高出不少。怎么办？钱已经到手了，就这么算了吗？如果客户一旦知道了这件事，一定会对他没什么好印象。想到这些，业务员立即带着订单和现金，整整花了 3 天时间，逐家去找客户。他老老实实地向客户说明他所卖出的电机比别人的贵，为此请他们废除合约。并表明此前自己也不知道，请他们多多谅解。

业务员的坦诚使每个客户都深受感动，结果 30 多家客户没有一家跟他解除合约的，不仅如此，他们反而加深了对这名业务员的信赖感，更乐意和他做生意了。

这名业务员其实没必要让客户解除合约，因为合同已经签了，生意已经完成了。但是他本着和客户坦诚相见的合作态度，不愿伪装自己、欺骗他人，反而获得了他人的好感，成功地把自己推销了出去。

坦诚，其实就是坦荡与诚信。坦荡可以使双方的沟通变得顺畅、使私利曝之于阳光之下；诚信可以使自己在对方心中确立威信、使沟通成本降低。和别人真心相对、坦诚相见，便于被人了解、便于公正处世、便于自我约束，同时也便于扩大你与他人的合作，做大自己的生意。而且在很多不利的情况下，如果你能抱着和对方坦诚相见的态度交往，还可以挽救双方的关系，不至于使生意从此结束。李嘉诚在创业初期，就曾经历过这样的合作。

李嘉诚的长江塑胶厂刚刚有了点名气，竞争对手就不择手段地想要把他排挤出去。他们采取了偷拍照片揭短的做法，将拍摄到的长江塑胶厂破烂不堪的厂房照片在报纸上刊出，希望借此破坏他们的形象，使顾客对李嘉诚失去信心。

李嘉诚对对方这种利用不正当的手段竞争的方式了然于胸，他冷静地思考着对策，最后决定主动迎敌，以自己的坦诚迎战对方反面的宣传，化不利为有利，挽回长江塑胶厂与客户的关系，使竞争对手的企图落空。

于是他拿着报纸，背上自己的产品，开始走访香港上百家代销商。他坦率地承认自己在创业阶段厂房破旧的事实，不过他认为产品的质量可以证明一切，而且他真诚地欢迎代销商去实地考察，并承诺他们满意了再订货。

打动代销商们的不仅是李嘉诚诚恳的话语，还有他的优质产品，而且李嘉诚敏锐的商业头脑也使他们钦佩不已，他们还感叹李嘉诚敢于将自己的弱点示人的勇气。这些代销商们去长江塑胶厂参观之后，纷纷订货，长江塑胶厂的生意空前红火。

以虚伪和欺骗的原则与人共事，尽管可能会得到一时的利益，但是这种为人处世的态度绝对谈不上聪明，因为它很难让生意长久地经营下去。而最明智的做法无疑是坦诚共事、真诚相对，让别人信赖你、认可你、接受你，这样你就可以把自己的生意一步步地做大、做强、做久。

要知道，虚伪狡诈的人难结良友，让人讨厌；真诚的朋友给人一种安全感，招人喜欢。对人坦诚相待，真诚帮助，你得到的将会比付出的多得多。

方式 44 别要求对方完全符合你的喜好

关键词：吹毛求疵·容纳他人·接受他人

适用情景：专找别人错处、对他人吹毛求疵的人需学习运用此方式。

每个人都希望自己完全地被接受，希望能够轻轻松松地与人相处。

在一般情况下和人相处时，很少有人敢于完全地暴露自己的一切。所以，若是一个人能让人轻松自在、毫无拘束，我们是极愿和他在一起的，也就是说，我们希望和能够接受我们的人在一起。专门找人家错处而吹毛求疵的人，一定不是个好亲人、好朋友。

一位心理学家说："要改变一个任性或残暴的人，除了对他表示好意，让他自己改变之外，再也没有其他更好的方法了。"

很多优秀的人，往往能影响本质善良的人，接受他们，使他们更好。但是对于任性、残暴的人，他们往往束手无策。为什么呢？因为优秀的那群人

恰到好处的 做人 方式

根本不能接受粗暴的人，甚至避之如蛇蝎，在感情上并不相通，这怎么能使对方变好呢？

一位作家曾经和一位有名的精神科医生共进晚餐，当话题谈到人际关系中的容纳问题时，那位精神科医生说："如果大家都有容纳的雅量，那我们就失业了！精神病治疗的真谛，在于医生们能找出病人的优点，接受他们，也让病人们自己接受自己。每个人刚生下来时都很轻松自在，同时暴露出恐惧与羞耻心。医生们静静地听患者的心声，他们不会以惊讶、反感的道德式的说教来批判，所以患者敢把自己的一切讲出来，包括他们自己能够感到羞耻的事与自己的缺点。当他觉得别人能容纳、接受他时，他就会接受自己，有勇气迈向美好的人生大道。"

鲁斯·哈比博士指出，如果每对夫妻都能牢记结婚仪式上的誓言："我不计较这个男人（或女人）的一切，我接受对方所有的行为。"就会挽回很多家庭的不和睦。

请不要设定标准叫别人的行动合乎自己的准则。请给对方一个自我的权利，即使对方有某些不足也无妨。别要求对方完全符合自己的喜好，以及行动完全符合自己的要求。要让你身旁的人轻松自在、愿意和你交往的话，就多些容纳和接受之心吧！

方式 45 不要用放大镜放大别人的缺点

关键词：观察自己·严于待人·宽于律己

适用情景：总是喜欢拿着放大镜放大别人的缺点、却只会拿着望远镜来检视自己缺失的人需学习运用此方式。

霍贝斯曾经写道："眼睛善于观察别人的人，一定疏于观察自己。"的确，一般人看问题，往往会有两套不同的标准，当一个问题发生在自己身上的时候，他们总是会用较宽松的标准来看待；但是，当同样的问题发生在别人身上时，他们认定的标准，可能就会变得严格许多。因为大多数人总是喜欢拿着放大镜放大别人的缺点，却只会拿着望远镜来检视自己的缺失。这就是一般人"严于待人，宽于律己"的心态。

有一则小故事是这样的：

有个太太多年来不断指责邻居太太很懒惰，"那个女人的衣服，永远洗不干净，看，她晾在院子里的衣服，总是有斑点，我真的不知道她怎么连洗衣服都洗成那样子……"

直到有一天，有个明察秋毫的朋友到她家，才发现不是邻居太太衣服洗不干净。细心的朋友拿了一块抹布，把这个太太的窗户上的灰渍抹掉，说："看，这不就干净了吗？"

原来是自己家的窗户脏了。

每一个人都曾经遇到过不少愤世嫉俗的人，或者，你也有过一些看什么都不顺眼、永远觉得命运对自己比较不公平的朋友，但在倾听他们的怨言之后，总会发现有句老话说得很妙：可怜之人，必有可恨之处。

看到外面的问题，总比看到自己内在的问题容易些；而把错误归咎给别人，也比检讨自己来得容易，于是，愤世嫉俗的人常从年轻愤怒到老，遇上有人过得好，就想咬他一口，斜视久了，你的眼睛看什么都不顺眼。

当你背向太阳的时候，你会只看到自己的阴影，连别人看你，也只会看见你脸上阴黑一片，只拿愤世嫉俗来替代反省自己，对自己的成长是一种最大的耽误。

要消除"严于待人，宽于律己"的心态，首先必须改变凡事以自我为中心的自私观念；其次是必须经常自问，当问题发生在自己身上时，你最希望别人用什么样的方式对待你；然后，再将心比心，回过头用同样的方式去对待别人。

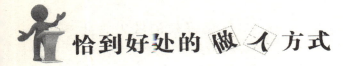

恰到好处的 做人 方式

方式46 别把他人的过错记恨在心

关键词：冤恕·原谅·过错

适用情景：当别人有过错时，需运用此方式。

"以责人之心责己，以恕己之心恕人。"这是中国传统文化积累多年的精华。在人际关系方面，这句话可以这么理解：因为人际交往是建立在信任的基础之上的，所以，要以诚挚、宽容的胸襟对待他人，尽量原谅别人的过错，由此，你可能会得到终身的信任和感激；反之，将别人的过错记恨在心，只会陷入关系紧张、破裂的恶性循环，最后还可能需要付出更大的代价。

1863年7月1日，美国南北战争中的葛底斯堡战役拉开帷幕，到了7月4日晚上，南方的李将军大败。林肯高兴极了，他意识到只要打败李将军的军队，战争很快就可以结束了。于是，他满怀希望地下了一道命令给前线的米地将军，要他立刻出击。但是，米地违背林肯的命令，他用尽了各种借口，拒绝攻打李将军。最后，李将军和他的军队越过波多络河，顺利南逃。

林肯勃然大怒，极端失望之余，他坐下来给米地写了一封信，信中表达了他内心的极端不满。林肯有一段话是这么写的：

"亲爱的将军，我不相信你对李将军逃走一事会深感不幸。他就在我们伸手可及之处，而且，只要他被俘虏，加上我们最近获得的胜利，战争即可结束。现在，战争势必延续下去，上星期一你不能顺利抓住李将军，如今他逃到波多络河之南，你又如何能保证成功呢？期盼你会成功是不明智的，而我也并不期盼你现在会做得更好。良机一去不复返，我实在深感遗憾。"

信写完了，但林肯没有急于寄出去，他望着窗外，心里思绪万千："慢着，也许我不该这么性急。坐在安静的白宫里发号施令很容易，如果我身在葛底斯堡，像米地一样每天看见许多人流血，听到许多伤兵哀号，也许就不会急着要攻打敌人了，如果我的个性像米地一样畏缩，大概也会做同样的决定吧！无论如何，现在木已成舟，把这封信寄出，除了让我一时觉得痛快以外，没有别的用处。米地会为自己辩解，会反过来攻击我，这只会使大家都不痛快，甚至损及他的前途，或逼他离开军队而已。"

于是，林肯把信搁到一边，惨痛的经验告诉他：尖锐的批评和攻击，所得到的效果都等于零。相反，努力去理解对方的用意，结局会好一些。

林肯的做法值得借鉴，当看到别人"犯错"时，我们要这样做：

首先告诉自己"未必如此"。别人的做法也许未必是错误的，或者，也许自己还没有理解别人的真实用意。每个人对别人的判断都会受到自己主观因素的影响，不一定完全公正，武断地得出结论很容易引起误会甚至冲突。所以，在做出决定前，一定要弄清楚所有事实。

其次，如果你确定对方犯了错，那就告诉自己"人难免会……"人非圣贤，孰能无过，自己应当设法宽恕对方的过错，这样才能将谈话或工作推进下去，也可以让你赢得更多的朋友。

再次，如果你为此苦恼甚至动怒，那就问问自己，值得为了别人的过失而付出让自己不快乐的代价吗？

人际交往是建立在信任的基础之上的，因此，要以诚挚、宽容的胸襟，尽量原谅别人的过错，反之，如果将别人的过错记恨在心，只会陷入关系紧张、破裂的恶性循环，最后还可能需要付出更大的代价。

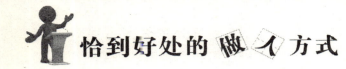

恰到好处的做人方式

方式47 能容人之所不能容,忍人之所不能忍

关键词:胸怀宽广·豁达·不拘小节

适用情景:想成大事者需学习运用此方式。

中国历史中,说起贤相,有一句著名的成语叫"萧规曹随",说的是西汉时的宰相萧何、曹参,萧何制定规章,而曹参遵行不改。

曹参本是沛县一名小吏,跟随刘邦起家,攻城野战,"身被七十余创",是一位勇猛战将。曹参和萧何本来关系很好,等到萧何当上相国,两人便产生了隔阂。可是萧何临死,偏偏推荐曹参接替相国之位;而曹参在山东一听说萧何死了,马上叫人准备行李动身,说自己要当相国了。

可见这两人的自知、知人之明,都是非同一般的。

曹参当了相国,找了一些老实厚道的人当下属,而把原来那些精明干练之徒全赶走,然后就什么也不干了,"日夜饮醇酒"。别的大臣看他太不务正业了,想劝劝他,不等开口,他就强拉人家一起喝酒,把人家灌个不亦乐乎,什么也说不出来了。惠帝看他这副样子,也很不理解。但曹参是高帝时的功臣,又不好直接说他,就把他的儿子找来,让他回去问父亲:"高帝刚去世不久,现在的皇帝还年轻,您当丞相,整天喝酒,是不是嫌皇帝少不更事,不值得您辅佐呢?"但不许说是皇帝让问的。儿子回去问曹参,曹参把儿子打了200鞭子,发怒说:"国家大事没你说话的份儿!"惠帝没有办法,只好说,是我让问的。曹参这才免冠谢过,问惠帝道:"陛下自己觉得您比高帝如何呢?"惠帝说:"哪儿敢比呢?"曹参又问:"那么您看我比萧何怎么样?"惠帝说:"您似乎比不上。"

曹参这才诜道:"陛下之言是也。且先帝与萧何定天下,法令既明,今陛下垂拱而治即可，我等守职，凛尊不误，不亦可乎？"

曹参为相3年，老百姓歌颂道："萧何为相，蔚若画一；曹参代之，守而勿失；载其清静，民以宁一。"

当宰相的日饮醇酒，不理政务，不能不说是糊涂；知道自己本来就是块糊涂料，索性于糊涂之中而求大治，又怎能不说是智慧过人呢？假使这位曹相国偏不服气，一定要改弦易辙，干出点属于自己的政绩，恐怕非乱套不可。有些人，就常犯这种毛病。新官上任，生怕别人说自己无能，三把火乱烧一气。这样惹出的乱子，见得还少吗？

北宋时，掌握护卫京城重任的马军副都指挥使张旻，遵照圣旨挑选士兵，但他每每对士兵下的命令都太过严厉，士兵们因惧怕而计划哗变，皇上为此召集有关部门商议这件事情。王旦说道："如果处罚张旻，那么将帅们今后还怎么制众？如果马上就捕捉谋划哗变的人，那么整个京城都会震惊。陛下几次都想任用张旻为枢密，现在如果提拔任用，使他解除了兵权，要反叛他的士兵自当安心了啊。"皇上对左右的人众说："王旦善于处理大事，真是当宰相的人才呀！"

要担当大事，就不能操之过急。也许你的出发点是好的，但是固有的格局一乱，下面的人就不免军心浮动，以致横生枝节，产生不必要的麻烦。此时，平衡的艺术才是第一位的，这是治世的基本方针之一。老子的"无为而无不为"，实际上辩证地说明了无为与有为的关系，从字面上理解，就是通过"无为"来达到"有为"。无为是手段，是有为的权宜之计；有为是目的，是无为的发展趋势。

治世自要从容镇定，处理一些现实小事也是如此。

明代海虞的相公严养斋准备在城里某个地方建造一座大的住宅。丈量地基等几项事宜已经就绪，唯独有一间民房立在了地基的范围之内，使得整个工程难以达到预期的建筑效果。民房的主人是卖酒和豆腐的，房子是他祖辈传下来的。工地负责人先是用很优厚的代价请他搬迁出去，而这家主人坚决不同意。负责人便愤怒地报告给了严相公，严养斋平静地说："没关系，可以先营建其他的三面嘛！"就这样，工程破土动工了，严相公下令工地的人每天将所需要的酒和豆腐都到那户人家去购买，并且先付给他们定钱。那家店小，而工地上的人所需要的酒和豆腐又很多，人手一时忙不过来，因此供不应求，于是严相公又帮助他们招募工人来帮忙。不久，招募的工人越来越多，他们所获得的利润也越来越丰厚，所贮存的粮食、大豆都堆积在家里，酿酒缸及各种器具都增加了好几倍，小屋子里实在是容纳不下了。再加上他们感激严相公的大恩大德，又自愧当初抗拒不搬的行为，于是，就主动地献上房契，表示愿意让出房来。严相公就用邻近处比他原住房稍宽一些的住房与他调换，这家主人非常高兴，没过几天就搬走了。

古今中外，凡是能成大事的人都具有一种优秀的品质，就是能容人之所不能容，忍人之所不能忍。他们胸怀宽广，豁达而不拘小节，凡事能从大处着眼而不会目光如豆，从不斤斤计较，纠缠于非原则的琐事，所以他们才能成大事、立大业，使自己成为不平凡的伟人。

方式48 肯理解、容纳他人的优缺点

关键词：大度·气量·人缘

适用情景：对他人百般挑剔者需学习运用此方式。

常言说："宰相肚里能撑船。"一个人只要有大度的胸襟、非凡的气量，就有良好的人缘，才会在社交的王国里叱咤风云。相反，如果你度量狭小、嫉贤妒能，误以为自己聪明至极，非同一般，而对他人百般挑剔，眼中容不了任何人，心口容不了任何事，那你必然失去人心，最终失去事业。

即使你足够精明，能够将别人的缺点看得一清二楚，也并不意味着可以因此严厉地指责别人。在与人相处时，要懂得随时体谅他人，在温和且不伤

害人的前提下，适宜地帮助别人。以严厉的态度对待别人，容易招致他人的怨恨，反而无法达到目的。若要避免遭受人为的困扰，关键在于宽容他人。处世做人不应用苛刻的标准去要求别人，要尊重人家的自由权利，只有做一个肯理解、容纳他人优点和缺点的人，才会受到他人的欢迎。而对人吹毛求疵、又批评又说教没完没了的人，不会有亲密的朋友，人家对他只有敬而远之。

对别人的释怀，也即是对自己的善待。这种人，才是真正会"算"的人。君不信，可以翻开古今中外的历史看一下，巧计是永远算不过拙诚的。

一代名臣曾国藩一向主张要相互敬重，用真诚来沟通感情。名利二字，只可用来笼络一般的俗人，对于真正的贤士来说，却未必有作用。他认为有了真诚，便自会见信于他人。

在曾国藩与左宗棠的交往过程中，二人有过合作和愉快，也有过矛盾和冲突。曾国藩为人拙诚，语言迟讷；左宗棠恃才傲物，以当今诸葛亮自命，语言尖刻，锋芒毕露。咸丰四年（1854年），曾国藩初次出兵攻打太平军，败于靖港，自尽未遂，回到省城，垂头丧气。左宗棠到曾国藩的船中探视他，直言不讳，指责曾国藩临事退缩，非大丈夫之所为，曾国藩只是闭目不语。咸丰七年（1857年）2月，曾国藩在江西瑞州营中闻老父去世，立即返乡。左宗棠认为他不待君命，舍弃部队奔丧，是不应该的。性情见解各异，再加上各自的地盘意识、战功的分配问题，遂使两个人断交，隐隐有种水火不相容之意。

第二年，曾国藩奉命率师援浙，路过长沙时，特地登门拜访左宗棠，并集"敬胜怠，义胜欲；知其雄，守其雌"十二字，求左宗棠篆书，表示谦抑之意，使两人一度紧张的关系趋于缓和。

后来，左宗棠查办了一起贪污案，遭人陷害。左宗棠经此变故，深感京中不可久住，不得已，沿江而下，投靠曾国藩。曾国藩宽宏大量，不计前嫌，热情接待左宗棠，并与他连日商谈战事。在左宗棠极其潦倒的时候，向他伸出了援助之手。曾国藩立即上奏朝廷举荐左宗棠，朝廷接到曾国藩的奏章后，谕令左宗棠"以四品京堂候补，随同曾国藩襄办军务"。左宗棠因而正式成了

恰到好处的 做人 方式

曾国藩的一个幕僚。曾国藩立即让他回湖南募勇开赴江西战场。过了几个月，左宗棠军队在江西连克德兴、婺源，曾国藩立即专折为他报功请赏，并追述他以前的战绩，左宗棠因此晋升为候补三品京堂。后曾国藩又恳请朝廷将左宗棠襄办军务改为帮办军务。同治二年（1863 年），左宗棠被授为闽浙总督，仍为浙江巡抚，从此与曾国藩平起平坐。3 年之中，左宗棠由被人诬告、走投无路，一跃成为疆吏大臣，如此飞黄腾达，一则出于他的才能与战功，但同时也与曾国藩以诚相待、全力扶持分不开。

种下什么样的种子，就会发出什么样的根芽。后来曾国藩下世，左宗棠就曾这样用挽联悼曾国藩："谋国之忠，知人之明，自愧不如元辅；同心若金，攻错若石，相期无负平生。"像左宗棠这样志大才高、性气刚硬的人难得对他人如此推重，这也从另一个方面，印证了曾国藩的人格魅力。

人才是人之精华，因此，人才是难得的，尤其是在白手起家而社会关系不足的条件下更是如此。对人才的吸引力，主要表现为待人以诚。这个"诚"字体现在很多方面，对自己孜孜以求的人才保持耐心，始终不愠不火，恭敬有礼，相信总有一天会攻克对方心中的壁垒。

现在有些人喜欢运用巧诈，其实，人际关系的基本原则，古今无多大差别。喜欢运用诈术的人，虽然能一时欺瞒别人，也能获得利益。但是，久而久之就一定会露马脚，失去别人对你的信赖，最终不但获利不多，反而损失更大。而拙诚的人也许不会一下子就抓住人心，但是时间一久，他的诚意就会逐渐渗入人心，赢得大家的信赖，从而获得事业成功。正可谓"路遥知马力，日久见人心"。

第七章

恰到好处地对峙

与人僵持不可将对方赶尽杀绝，也不能用鸡蛋去碰石头

有句俗话叫做"但余方寸地，留与子孙耕。"这里的"方寸地"，就是留给自己生存与发展的"余地"。如果我们只知道趁风头正劲的时候盲目地开发，拼命地掠夺，无节制地浪费，那么，自己的路就走绝了。

福祸无门，唯自招之。无论任何时代，争强好胜，言行不谨，都很容易招来嫉妒和仇怨。

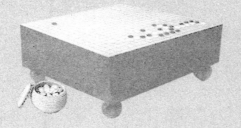

方式49 做人不要太绝,记着给自己留条后路

关键词:后路·与人方便·自己方便

适用情景:为人处世过程中需运用此方式。

与人方便,自己方便,做人不要做绝,做事要留后路。如果做人做得太绝,即便遇到凶险也不会有人怜惜你,他们会认为你咎由自取、自作自受。这样无形中就把自己逼进了死胡同,恐怕连退路也没有了。

有一个国王带着随从去打猎,却在森林中碰上狂风暴雨,国王意外地落了单,迷了路。他又饿又累,在森林中打转。后来,他看到了一家农舍,就上前敲门,可没有人开门,他便试着推那扇摇摇欲坠的门,门开了,可农夫却露出不友善的脸,对他大喊:"走开!走开!你要是不立刻走开,我就叫狗来!"国王恳求他息怒,农夫却更生气了,并把国王推出了茅屋。

国王无奈地冒雨离去了,幸好碰到了一对商旅,最终才平安地返回宫中。3天以后,国王派人召来农夫,农夫惶恐不已,自忖道:"我不认识国王,他为什么找我?"到了王宫,国王头戴王冠,手拿令牌,坐在宝座上,一句话也未说就死死盯着农夫看,尔后便问他:"你认识我吗?"这句话使农夫大惊失色,几乎要晕厥过去。

在我们有能力的同时,要记得为别人留一盏光明而温暖的灯。在处世过程中,要适可而止,别赶尽杀绝,千万不要把事情做绝,断了自己的后路。

狼从树林里冲出来,经过村庄。为了保全性命,它惶恐地奔跑,猎人和一群猎狗从后面紧紧地追上来。

它本来想随便溜进哪一家去躲藏,然而家家户户的门都关着。它看见一只猫蹲在院子的篱笆上,就向猫哀求:

"亲爱的,请你告诉我,这儿的农夫谁最和善,谁肯搭救我,让我躲避凶

恰到好处的做人方式

恶的敌人？你听听好可怕的号角声，那狗叫声似乎是在追我呀！"

"如果我是你，我就去求斯杰潘，再也没有比他更和善的人了。是的，斯杰潘一定会帮忙的！"

"是吗？可是我以前偷过他一只羊。"

"那么到杰米扬那儿去试试看。"

"恐怕杰米扬也要跟我生气，不久以前我逮过他的山羊。"

"那么，你赶快到隔壁的特罗菲姆那儿去吧。"

"到特罗菲姆那儿去？不！我不敢去，哎，自从去年春天以来，他一直在逼我还他的小羊羔呢。"

"那真是糟了！你不妨到克里姆那儿去碰碰运气。"

"唉，我偷过克里姆的牛，而且把牛吃掉了。"

"这样看起来，我的朋友，没有一家你不曾得罪过。"猫对颤抖着的狼说："可不是吗？你在这儿大概是不会得到保护的了！种瓜得瓜，种豆得豆，你做了恶事，就得收恶果！"

在这个故事中，狼由于平时做事做得太绝，断了自己所有的后路，以至于面临险境时孤立无援，只好品尝自己酿造的苦果。

为别人提供有益的服务，善意地对待别人，对自己一定会有帮助。相反，处心积虑地伤害别人，自己也得不到内心的平静。

现实生活中，许多人说话、做事都喜欢赶尽杀绝，不给别人留余地，以此来显示自己的"本事"，如此一来原本和谐的场面，被搞得乌烟瘴气，使对方陷入尴尬中。其实，要想应付这样的人，就要让他亲自感受一下陷入尴尬局面的滋味。一旦他体会到其中的辛辣，再遇事时，也就能站在对方的立场上，替别人考虑了。

如果你的能力、财力等各个方面都强于对方，换句话说，也就是你完全有能力收拾对方，这时，你更应该偃旗息鼓、适可而止。因为，以强欺弱，并不是光彩的行为，即使你把对方赶尽杀绝了，在别人眼里也不是个胜利者，而是一个无情无意之徒。

如果你根本没有战胜对方的把握，还一意孤行想把对方赶尽杀绝，无形中就相当于拿鸡蛋往石头上碰，更毫无意义可言。

这时，无论是强的一方，还是弱的一方都应该权衡利弊、适可而止，别再以牙还牙，不然只会使一方遭受打击，一方为自己树立一个敌人。

方式50 无关紧要的冲撞和误会不必去斤斤计较

关键词：斤斤计较·争执不休·冲撞

适用情景：当总是对一些小小的冲撞或误会念念不忘时，需学习运用此方式。

有一次，一只鼬鼠向狮子挑战，要同它决一雌雄，狮子果断地拒绝了。

"怎么，"鼬鼠说，"你害怕吗？"

"非常害怕，"狮子说，"如果我答应你，你就可以得到曾与狮子比武的殊荣；而我呢，以后所有的动物都会耻笑我竟和鼬鼠打过架！"

你如果与一个不是在同一重量级的人争执不休，就会浪费自己的很多精力，降低人们对你的期望，并无意中提升了对方的层次。同样，一个人对琐事的兴趣越大，对大事的兴趣就会越小，而非做不可的事越少。越少遭遇到真正的问题，他就越关心琐事。

威廉·詹姆斯说过："明智的艺术就是清醒地知道该忽略什么样的艺术。"不要被不重要的人和事过多打搅，因为成功的秘诀就是抓住目标不放，而不把时间浪费在无谓的事情上。

1980年美国总统大选期间，里根在一次关键的电视辩论中，面对竞选对手卡特对他在当演员时期的生活作风问题发起的蓄意攻击，丝毫没有做出愤怒的表示，只是微微一笑，诙谐地调侃说："你又来这一套了。"一时间引得听众哈哈大笑，反而把卡特推入尴尬的境地，从而为自己赢得了更多选民的

恰到好处的做人方式

信赖和支持。

真英雄之所以是真英雄，不仅在于他的勇猛或胆识，更在于他的肚量和策略，他不与小人一般见识，不逞一时之气。这不仅反映出他内心所拥有的真正昂扬的志气，而且显示出他的镇定和大度，心中不存争强斗胜、傲气逼人的狭隘思想。"老虎吃鸡，不是山中王"，这是一种大将风度。

更进一步地说，是以宽大仁慈之心对待挑衅者，还是计较各种是是非非，外人心里自有一杆秤。

周作人做官时期，他以前的一个学生穷得没办法，找他帮忙谋个职业。

一次学生来拜访时，恰逢他屋里有客，门房便挡了其驾。学生疑惑周作人在回避推托，气不打一处来，便站在门口耍起泼来，张口大骂，声音高得足以让里屋人也听得清清楚楚。谁也没想到，过了三五天，那位学生得到一个合适的职位上任了。

有人问周作人，他这样大骂你，你反而用他是何道理？周说，到别人门口骂人，这是多么难的事，可见他境况确实不好，太值得同情了。

当你遭受了额外的压力、不平的待遇、意外的损伤、要走上前去反击的时候，不妨先自问一下："要是我在他的处境之中，我会怎么做？"当我们知道人人都会有被情势所迫而做出不得当的举动、人人都有自己难言的苦衷时，就会不再对那些无关紧要的冲撞和误会念念不忘。这其实并不是多么困难的事儿，中国老百姓有句话叫做"将心比心"，说的就是这个道理。

方式 51 架子不要摆得太过了

关键词:打破僵局·随机应变·高傲
适用情景:与人争辩占了上风时,需运用此方式

人活一世,生存环境不断变迁,各种事情接踵而来,墨守成规、只认死理是无论如何都行不通的。而随机应变、机灵通达才是我们立足于世且能越来越好的做人法宝。

清朝末年,尤五的漕帮跟沙船帮本是化解不开的对头。沙船帮的老大叫郁馥华,家住小南门内的乔家浜,以航行南北洋起家,发了好大一笔财。本来一个走海道,一个走河运,真所谓“河水不犯井水”,并无恩怨可言。但自从南漕海运以后,打碎漕帮的饭碗,情形就很不同了。两个帮派的人为了抢生意,经常发生械斗,成了一对冤家。

有一次两帮群殴,说起来,道理是尤五这面欠缺。但江湖事,江湖了,可郁馥华却听信了手下人的话,将尤五手下的几个弟兄押到了上海县衙门。事后郁老大也醒悟是本帮先坏了江湖规矩,几次托人向尤五致意,希望修好。尤五置之不理,于是搞河运的与搞海运的打起了冷战。

这个时候,尤五那里出了点儿问题,他有一批救命的粮草急等着要通过海路运往杭州,这就首先需要尤五与郁老大言归于好。尤五只得主动登门拜访郁老大。对沙船帮来说,这却是求之不得的一件事,漕帮现今虽不如往日兴旺,但是“百足之虫,死而不僵”,势力圈子依然根深蒂固。如今一个向漕帮示好的机会送上门了,郁老大好好展示了一把他的江湖手段:

听得尤五驾到,郁老大急急赶回,正事不谈,先对他的儿子郁松年说道:“你进去告诉你娘,尤五叔来了,做几道像样菜来招待尤五叔,要你娘亲手做。现成的‘糟钵头’拿来吃酒,我跟你尤五叔今天要好好叙一叙。”

恰到好处的做人方式

尤五早就听说，郁馥华已是百万身价，起居豪奢，如今要他结发妻子下厨，亲手治馔款客，足见不以富贵骄人，这点倒像不忘贫贱之交的意思，着实感人，也就欣然接受了盛情。

摆上酒采，宾主相向而坐；郁馥华学做官人家的派头，子弟侍立执役，任凭尤五怎么说，郁松年就是不敢陪席。

江湖上讲究的是"受人一尺，还人一丈"，尤五见此光景，少不得也有一番推诚相与、谦虚退让的话交代。

多时宿怨一旦消除，大伙儿都相当高兴。

对于尤五，这次造访原是情势所迫，本着折节降志的委屈来的，并非真心实意要与沙船帮做朋友。但是在郁府，郁老大却给足了他面子，假戏做了真时，也就暗暗地领了郁老大的好意，从此两帮之间是不必水火相见的了。

人际交往中有一种僵持现象：彼此虽同处一个交际圈，但却为微妙心理所控制，双方关系长期处于对峙、僵持的黑色状态，谁也不肯或不愿主动改变这种现状。即使有着交际需要或愿望，也较劲弄气，支撑到底。它没有对立、对抗那么严重和公开，但却是交际中的一种消极现象，是必须克服的。

那么，如何打破这种僵局呢？

1. 主动交往不较劲

考察交际僵持现象，会注意到这么一个事实，这种现象通常在两类人身上发生：一类是清高自大的人，一类是内向孤傲的人。

他们的显著特点是自以为是、自尊心强、自我封闭。要打破交际僵持局面，首先就要克服自我意识，树立开放思想，淡化"我"字，主动交往。

2. 及早打破僵局

处于交际僵持局面的人颇有点小家子气，谁也不愿正视，更不愿承认自己陷入其中，但它却实实在在地存在着。如果我们能透视其实质，一方面会为自己愚蠢荒唐的举动哑然失笑，另一方面会采取积极主动的方式，自觉与对方交际，并且视为自然，奉为圭臬。这样僵持的局面便冰消雪融。

3. 示好要巧妙

交际僵持局面是要打破的，但其本身有时十分微妙，其中还可能有一些不好明说细究的关系。此时的方式和技巧尤为重要，如果方式适宜、技巧圆润，就可以圆满达到目的。否则可能显得唐突，或者适得其反。一不能急于求成，二不能挑得太明，要在不动声色、逐步试探中改善关系，这才是切合实际的。

为大局着想，即使你正占上风，架子也决不可摆过了。和谐的环境，本就是"你敬我一尺，我敬你一丈"地相互抬举起来的，若有人想把高傲进行到底，就随时有出局的可能。

方式52 站在高处平息争端比死缠不放的战斗更能体现实力

关键词：死缠不放·短兵相接·大家风范
适用情景：在与对手比拼中需运用此方式。

在与对手的比拼中，那种短兵相接、死缠不放的战斗是下策，既不会胜算，又丢风度；以"不关注"、"不介意"来回应对手，这在一时之间，也足以打击对手的气焰，此为中策；而真正的上策，却是在与对手的竞争中，表现出你不温不火的大家风范，达到不战而胜的目的。

尼克松 1952 年被共和党提名为副总统候选人，竞选期间，突然传出一个谣言，《纽约邮报》登出特大新闻"秘密的尼克松基金"开头一段说，今天揭露出有一个专为尼克松谋经济利益的"百万富翁俱乐部"，他们提供的"秘密基金"使尼克松过着和他的薪金很不相称的豪华生活。

尼克松非常明白，不利舆论已经气势汹汹，单靠说明"这件事"的真相

恰到好处的做人方式

是远远不够的，他要坦诚地公布他的全部财务状况来证明自己的清白。他从自己青年时期开始说到现在，"我所挣的，我所用的，我所拥有的一点一滴，"他说，"我有一辆用了两年的汽车、两所房子的产权、4000美元的人寿保险。没有股票，没有公债。我还欠着10000美元住房的债务；4500美元银行欠款；人寿保险欠款500美元；欠父母3500美元。"

"好啦，差不多就是这么多了。"尼克松说，"这是我所有的一切，也是我所欠的一切。这不算太多，但帕特（尼克松夫人）和我很满意，因为我们所挣来的每一角钱，都是我们自己正当挣来的。"到这时，他无疑已把广大听众争取过来了。

不过，尼克松是个劲头十足的人，他不愿意仅仅做到洗刷自己就止步，他不仅要让公众相信他、不信谣言，还要借此机会去与公众做感情沟通，希望沉默的多数选民开口说话。

为此他进行了一次演说，演说的场所是尼克松的书房，出场人物是尼克松和夫人帕特 两个女儿及一条有黑白两色斑点的小花狗，大家相拥而坐，表现出一个充满温暖的中上等幸福家庭。与听众谈话时，尼克松不时看着妻、女、爱犬，"还有一件事情，或许也应该告诉你们，因为如果我不说出来，他们也要说我一些闲话。在提名（为副总统候选人）之后，我们确实得到一件礼物。德克萨斯州有一个人在广播中听到帕特提到我们两个孩子很想要一只小狗。不管你们信不信，就在我们这次出发做竞选旅行的前一天，从巴尔的摩市的联邦车站送来一个通知说，他们那儿有一件包裹给我们，我们就前去领取。你们知道这是什么东西吗？

这是一只西班牙长耳小狗，用柳条篓装着，是他们从德克萨斯州运来的——带有黑、白两色斑点，我们6岁的小女儿特丽西娅给它起名叫'切克尔斯'。你们知道，她们像所有的小孩一样喜欢那只小狗。现在我只要说这一点，不管他们说些什么，我们就是要把它留下来！"

美国人爱狗是有名的，尼克松得到的唯一礼物就是一只小狗，何况那是送给6岁女儿的，为了孩子，这是他唯一要"保卫"的东西。还有比这更富有人情味的吗？还有比这更令普通选民情感相通的吗？何况，那只可爱的小花狗正依偎在尼克松 6 岁女儿的怀里呢……

支持的电报和信件雪片般飞来，尼克松出色地利用真诚抬高了自己的身价，化解了危机，赢得了民众的支持。

不论什么时代、什么环境，有人出头，就有人拆台搞破坏。沉不住气的人，也许会急赤白脸地上台与来者 PK，这样一来，你先前辛苦拼搏获取的优势地位就会被动摇——只有对自己的实力没有信心的人，才会拼命保护那一点可怜的成果。与其那样做，还不如拿出毫不介怀的高姿态来，孰强孰弱，旁观者一目了然。另一种深层的奥妙是，所有的称赞、关怀、真诚、开放的态度，都是强者的大家气度，让人拜服的，才是真正的高人。

领袖气度、大家风范，不是只凭长矛利剑、武功超群就能树立起来的，靠一己之力，即使你能打败 100 个人，也不过是多了 100 个对手而已。每一个站在高处的人，都要面对来自各个方面的挑战，平息争端，往往比打赢一场干净漂亮的战斗更重要。

方式 53 狭路相逢时，要留一点余地给别人走

关键词：斤斤计较·吹毛求疵·狭路相逢

适用情景：与人发生对峙时，需运用此方式。

你知道吗？你所有的思想及言行造就全部的你。为他人提供良好的服务，善意地对待他人，对自己一定会有帮助；斤斤计较、吹毛求疵、处心积虑地伤害别人，自己也得不到内心的宁静。

在狭窄的路上行走，要留一点余地给别人走。羊肠小道两个人相对通过时，如果争先恐后，两人都有坠入深谷的危险。

恰到好处的做人方式

　　一天，一户人家来了从远方来造访的客人。父亲让儿子上街去购买酒菜，准备请客，没想到儿子出门许久都没回来，父亲等得不耐烦了，于是自己就上街去看个究竟。

　　父亲快到街上的便桥时，发现儿子正在桥头和另一个人面对面地僵持在那儿，父亲就上前询问："你怎么买了酒菜不马上回家呢？"

　　儿子回答说："老爸你来得正好，我从桥这边过去，这个人坚持不让我过去，我现在也不让他过来，所以我们两个人就对上了，看看究竟谁让谁！"

　　父亲聆听儿子的一席话后，就上前声援道："孩子，好样的，你先把酒菜拿回去给客人享用，这儿让爸爸来跟他对一对，看看究竟谁让谁！"

　　在社会上，无论说话也好，做事也好，不肯给别人一点余地，不愿给别人一点空间的，到处有这对父子的影子，往往只为了"争一口气"，本来没有什么大不了的琐事，非要煞费周章，坚持己见互不让步，结果小事变大事，甚至搞得两败俱伤，真是何苦？

　　在这种情况下先停住脚步让对方过去，才是最有礼貌、最安全的做法。遇到美味可口的饭菜时，要留出三分让给别人吃，这样才是一种美德。路留一步，味留三分，是提倡一种谨慎的利世济人的做人方式。在生活中，除了原则问题须坚持外，对小事、个人利益而言，互相谦让会带来个人的身心愉快。我们来看下面的案例：

　　"小姐！你过来！你过来！"一位正在用餐的顾客指着面前的杯子高声喊，"看看！你们的牛奶是坏的，把我的一杯红茶都糟蹋了！"

　　"真对不起！"服务小姐充满歉疚地笑道，"我立刻给您换一杯。"

　　新红茶很快就端上来了，碟边跟前一杯一样，放着新鲜的柠檬和牛奶。小姐轻声地告诉顾客说："我是不是能建议您，如果放柠檬，就不要加牛奶，因为有时候柠檬酸会造成牛奶结块。"这位顾客的脸一下子红了，他匆匆喝完茶就离开了。

　　不一会儿，有人笑问服务小姐："明明是他的错，你为什么不直说呢？他那么粗鲁地叫你，你为什么不还以一点颜色？"

"正因为他粗鲁，所以要用婉转的方式对待；正因为道理一说就明白，所以用不着大声！"小姐说，"理不直的人，常用气壮来压人。理直的人，要用气'和'来交朋友！"

生活中，有太多得理不让人、无理也要辩三分之徒。他们为什么不能向故事中的小姐学习呢？这样做，不仅会赢得别人的尊重，更会提升一个人的公众形象和社会地位。

方式 54 与人争执要以理服人，不可意气用事

关键词：冲突·以理服人·意气用事

适用情景：因各持己见、与他人发生冲突、"吵架"抑或"打架"时，需运用此方式。

做人是要懂得一点儿道理的。为什么这么说呢？因为道理使人明智。在大是大非问题上知道什么是该做的什么是不该做的，使生活有了合理的尺度和准则，道理使人善良。了解了人世的苦难，对人就多了一份宽容之心、仁爱之心，道理使人丰富，不但懂得眼前的人或事，而且能懂得过去的和未来的人和事，人生的意义由此获得根本改观。道理使人深刻。对世界的运动和历史的演变有独到的认识和体察，就能举一反三、由表及里，不为表面现象迷惑。人的智慧在于能从小道理中发现大道理，掌握大道理。大道理并不表现得声威显赫、富丽堂皇，通常它只是朴素简洁、平凡无奇的。

中国人认为据理力争是理所当然的事，因此，对于别人的主张也都持宽容态度。自古便有"君子和而不同"之说，认为意见不一致而时常辩论乃君子之风，若觉得对方有理便予以接受。这种风气由来已久，"画蛇添足"的故事可以为证。

战国时，楚王命昭阳将军率千乘大军进攻魏国，并乘胜势伐齐。齐王甚

为惊恐，便派陈轸到昭阳处当说客，劝楚罢兵。

陈轸到楚营，一见昭阳就搬出了这个故事：昔日有两人比赛画蛇速度快慢，约定先成者饮酒。一人先成，持酒觚于手，曰："我添其足。"此时，另一个亦成，乃夺其觚而饮。曰："蛇本无足。君添之，是无饮也。"先成功者终不得饮。讲完故事，陈轸将话题一转："你身为楚将军，奉命伐魏，攻城掠地，大功告成。然而，你现在又欲伐齐，乃画蛇添足。齐国乃大国，难以攻克，即便攻克，于君也无补。因为你的位子仅次于令尹，做到最好也只是当令尹，现楚国已有令尹了，人心向背，非君可以企及。相反，君如多事，恐见妒于人，见疑于王，何时招来祸害，尚未可知。现在何不见好即收，班师凯旋，这样万事大吉。"昭阳听完，口服心服，便撤兵回国。

由此可见，中国人虽"打"，但讲"理"，绝不意气用事，同时也善于听取他人意见。

我们中国人比较重视以理服人。因各持己见，发生冲突，"吵架"抑或"打架"也并非稀罕。为了胜过对方，必得有理。而且，一旦当事双方难以理清孰是孰非时，便可请第三方代为裁定，其标准，还是以理服人。

方式55 双方火药味十足时，不妨先暂停1分钟

关键词: 激烈争执·关键时刻·暂停

适用情景: 在争执激烈、就要大打出手时，可运用此方式。

人与人不一样，性格的差异，使人有别于动物界。刚烈成为天生的性格，严格地说，这不能划归为毛病；但刚烈易出乱子，容易闯祸。发生口角、斗殴、拼杀，不会同时开火，总有一方先动手脚、动器械。在这个关键时刻，性格刚烈的人就是首先点燃导火线的"凶手"。也许暂停1分钟的话，事件就可能不会发生。

为此，我们应该暂停1分钟——在激烈的时候暂停1分钟；在咬牙切齿的时刻暂停1分钟；在准备大打出手的时候暂停1分钟。

1分钟虽然短暂，但却十分重要。在双方对峙火药味正浓的时候，想叫任何一方理智地退却一下，似乎都是不可能的。他们谁也不愿戴上"懦夫"这顶让人瞧不起的帽子。但暂停1分钟是能够办到的，这不会让人丢面子。对方也许会认为你在等候进攻的时间，这使他更警惕你；而你在这1分钟内，可能把拼命绷紧的神经稍稍松弛一点。争得了这1分钟，你或许脑子里产生了许多幻觉，没有打斗的情绪了，而对方，也由于你迟迟没有动手缓了一口气，情绪也许轻松了许多。

1分钟对于人生来说只是转瞬即逝，人们在事情发生后，白白地度过了许多1分钟，但在当初却不能珍惜这"渺小"的1分钟。有一个女士，她父亲与她伯父为争家宅的事动手打了起来。在父亲一代，仅兄弟二人，祖父留下了两间相连着的房子。现在，大家把眼睛盯在了屋后的空地上。老二（女士的父亲）先行一步，砌了一道简陋的墙为自己划了一块地。老二的所做并非是错误的，他将大一点的地方留给了大哥。大哥却认为吃了亏，便叫来儿子拿铁棍撬那刚砌的墙。老二也召来儿子女婿，并在后楼上囤积了许多小石头严阵以待，大有"火拼"一仗的气氛，弟兄双方摩拳擦掌。这时老大又用铁棍轻轻撬了一下（这是试探）。在这一刹那，假设老二暂停1分钟，大哥也会观望一阵。可这1分钟似乎变成了1秒钟，反而"争分夺秒"了——老二把撬棍当成了信号，随手扔出了石头。不用说双方开始了一场恶战，两败俱伤。兄弟情没了，大哥告了状，女士的父亲和丈夫都被判了刑，公职自然跟着丢了。假若受挑衅的一方能够控制1分钟，何至于有这种痛不欲生的结局呢？

在任何紧张的气氛中，应该先暂停1分钟，这1分钟也许能制止一场不必要的争斗，同时，保全了双方的友谊，避免一场灾难，甚至挽回一群人的生命呢。

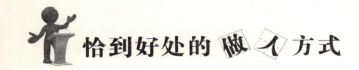

恰到好处的做人方式

方式56 冲动面前多多克制

关键词:遭人误解·被人诽谤·明智之举

适用情景:当遭人误解、被人诽谤时,需运用此方式。

生活中总有诸多的失意、落寞,看不惯的人和事实在太多。遭人误解,被人诽谤,甚至被别人耍弄一两回也是常有之事,对此,那种动不动就骂娘、或以牙还牙、或以拳相向、或自暴自弃的冲动,实在是不明智之举。做人就应当学会心存坦然、宽容,意寄旷达、宁静,情系深沉、真挚,这是做人的一种境界,也是学会克制的前提。

有位教师上课的时候,皮带从腰上掉了下来,惹得同学们或窃窃私语或掩口而笑。该教师发现自己的这一疏忽之后,并没有慌乱羞愧,他微微苦笑了一下,然后说:"同学们,年底评先进教师你们可别忘记我,一定要投我一票呀!"同学们不解其意。只听教师又接着说:"为了向你们传授知识,我废寝忘食地备课、讲课,真是为同学们'消得人憔悴'。瞧瞧,现在我都瘦得连皮带都系不住了,仍然站在这儿给你们讲课,难道我还不够先进?"

皮带掉下来无疑是一件尴尬的事,藏不了,躲不掉。如果这位老师不会控制情绪,不保持镇静,面对同学们的嘲笑,不是羞愧难当而是恼羞成怒,那么必将失去风度。怎么办?自我幽默一下,解脱窘迫是最好的办法。老师语言机智,所说的原因又极具说服力,学生的讪笑不知不觉就变成了欣赏。

俗话说"和气能生财"、"忍一忍百气消",正是此理。当你面对别人的误解、谣言甚至是恶意的中伤,如果你暴跳如雷,那就正中他人下怀,不仅解决不了问题,还会有"此地无银三百两"之嫌,至少也会背上个"没有修养、缺乏风度"的恶名。不善于克制,会使你误会加深,造成人际关系紧张,事事皆难。学会克制能避免冤冤相报,能使大事化小,小事化了。克制能使阴谋破产，使误解消融。

　　当然，提倡克制并非叫人一味地、无原则地忍让畏缩。当别人的挑衅涉及你做人的尊严时，你应当义不容辞地对自己加以维护，面对毫无原则的人和事，你应当毫不留情地坚决给以拒绝和抵制。

　　多一分克制，少一分冲动吧，你会觉得天宽地阔，游刃有余。学会克制就会使生活之树常青，事业之树常青。

第八章

恰到好处地进退

风光之时要保全自己，该进则进，该退则退

人生于世，光懂得如何建功立业还不够，更要紧的是懂得保全自己。在我们的一生中，可能有风光一时、万人瞩目的荣耀，也可能会遭遇上天无路、入地无门的困窘。这就要求我们能够自如地把握好自己屈伸进退的节奏。知进退，可以使我们在面临人生大计的时候保持警醒，从而做出恰如其分的选择。

方式 57 做任何事,进一步,也应让三分

关键词:逆境·危机·谨慎

适用情景:处于逆境中时,需运用此方式。

骑过自行车的人,大概都有这样的经验:伴着泥泞风雨的上坡路,一般不容易出现什么闪失。因为凡是在这种情况下,我们都会打起精神,提高警惕,再艰难的路,也会慢慢走过去。如果碰到平坦的大道、风和日丽的艳阳天,我们的心情也就不免轻松起来,一路高歌猛进之下,即使只是碰到一颗小石子,也有被绊倒的可能。

人在顺境中,其实比在逆境中潜伏着更多的危险,所以更应该引起我们的警惕之心。

东汉永元七年,邓绥被选入宫,成为汉和帝的贵人。第二年,另一个贵人阴氏身为贵戚被立为皇后。入宫后邓绥格外谦卑谨慎,一举一动皆遵法度。对待与自己同等身份的人,邓绥常常礼让,即使是宫人隶役,邓绥也不摆主子的谱。有一次,邓绥得了病。当时宫禁甚严,外人不得随便入宫,和帝特准邓绥的母亲兄弟进宫照顾,并且不做时间上的限制。邓绥知道后,便对和帝说:"宫廷禁地,对外人限制极严,而让妾亲久留宫内很不合适,大家会说陛下私爱臣妾而不顾宫禁,也会说臣妾受陛下恩宠而不知足,这对陛下和臣妾都不好,我真不希望您这样做。"和帝听后非常感动,从此对邓绥更加宠爱了。

邓绥得到和帝越来越多的宠爱,不但没有骄傲,反而更加谦卑。她知道皇后的脾气,也隐隐约约感到皇后对她的忌恨,所以对皇后更加谦恭。每次皇帝举行宴会,别的嫔妃贵人都竞相打扮,花枝招展,服装艳丽,唯有邓绥身穿素服,丝毫没有装饰。当她发现自己所穿的衣服颜色有时与皇后相同

恰到好处的做人方式

时，立即就会更换。若与皇后同时觐见，从不敢正坐。和帝每次提问，邓绥总是让皇后先说，从不抢她的话头。

邓绥以自己的谦恭进一步赢得了和帝的好感，也反衬出皇后阴氏的骄横。面对邓绥的一天天得宠，而自己一天天失宠，阴氏十分恼怒。永元十四年，阴氏制造巫蛊之术，企图置邓绥于死地，不料阴谋败露，阴氏被打入冷宫，后因忧愤而死。

阴氏死后，和帝想立邓绥为皇后，邓绥知道后，自称有病，深处宫中不露，以示辞让。这下反而坚定了和帝立邓绥为后的决心，他说："皇后之尊，与朕同体，上承宗庙，下为天下之母，只有邓贵人这样有德之人才可承当。"永元十四年冬，邓绥终于被立为皇后。

《易经》上说：物极必反，否极泰来。意思是说，行不可至极处，至极则无路可续行；言不可称绝对，称绝则无理可续言。做任何事，进一步，也应让三分。古人云："处世须留余地，责善切戒尽言。"人生一世，万不可使某一事物沿着某一固定的方向发展到极端，而应在发展过程中充分认识其各种可能性，以便有足够的条件和回旋余地采取机动的应付措施。

"匹夫无罪，怀璧为罪"，在很多时候，一个人身上的亮点，恰恰是他惹祸的根源。对于这种看起来花枝招展、实则危机四伏的大包袱，最明智的做法就是不动声色地把它卸下来。

东汉明帝刘庄的侄子刘睦，从小好学上进，读书很多，结交了许多有学问、有道德的儒者，与那些只知道吃喝玩乐的公子哥儿从不来往。有一年年底，他派一名官员去洛阳朝贺，临行前，他问前去朝贺的官员说："皇帝如果问起我的情况，你怎样回答？"这位官员回答说："您忠孝仁慈，礼贤下士，深得百姓爱戴。臣虽然不才，怎敢不把这些如实禀告。"

刘睦听后，连连摇头说："你如果这样禀告，就把我给害了！"这位官员不解地问："您为什么这样说呢？"刘睦说："你所说的只是我以前的状况，我现在已经有了很大的变化。你见了皇帝后，就说我自从承袭王爵以来，意志衰退，行动懒散，每天除了在王宫与嫔妃饮酒作乐，就是外出狩猎游玩，对正业丝毫不感兴趣。"

刘睦这样说是有原因的，在当时，宗室中凡是有些志向、或者广纳朋友的，都容易受到朝廷的猜忌，弄不好就会招来杀身之祸。所以，真正聪明的刘睦不得不故做糊涂人，教人说出那番话，实际上是明哲保身之计。

这种自我贬损是一招，另有一种方式就是未雨绸缪，用正大光明的做法塞住众人之口。

唐代汾阳郡王郭子仪的住宅建在京都亲仁里，他的府门经常大开，任凭人们出入却并不查问。他属下的将官们出外任藩镇之职来府中辞行，当时郭子仪的夫人和女儿若正在梳妆，就让这些将官们拿手巾、打洗脸水，一点儿也不回避。家中子弟们都来劝谏郭子仪不要这样做，他不听。子弟们继续劝说，说着说着竟然哭了起来，他们说："大人功勋显赫可是自己不尊重自己，不论贵贱人等都能随便出入卧室之中。我们觉得即使是历史上有名的伊尹、霍光这些德高望重的大臣，也不会这样做。"郭子仪笑着对他们说："我这样做是你们所考虑不到的。我们家由公家供给 500 匹马的粮草，1000 人的伙食费用，位至极品，不能再高了，可是想退隐以避妒忌也不可能。假如我们家筑起高墙、关紧门户，内外密不相通，一旦有人结怨报复，就会编造种种我们越出臣子本分的罪状，如果有贪功害贤之人从中陷害成功，我们家九族人都将化为齑粉，后悔莫及。现在家中坦坦荡荡毫无遮拦，四门大开随便出入，即使有人想加以毁谤，也找不出茬口来！"这番话说得子弟们一个个拜服不已。

人生贵在得意，但是要注意得意之时绝对不能忘形。一个人处于功名事业上的巅峰之态时，周围的人不免要怀着各种各样的心思看着他。这中间当然有他的亲朋好友，期望他的荣耀能够长盛不衰，但也不排除有敌视他的人、排斥他的人，或者是盼着他倒台而自己出头的人。天下没有不散的筵席，没有长开不败的花，如果人在兴盛时不知检点，危机不知何时就要找上门来。

"满招损，谦受益"，凡事做得太过了，就容易成为众人的靶子，若能谨慎一些，说不定倒暗合了那句"退步原来是向前"的古话。

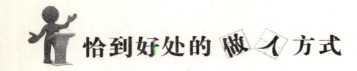

恰到好处的做人方式

方式 58 上坡路上爬行要量力而行、适可而止

关键词:官场亨通·事业风光·知足常乐

适用情景:当官运亨通或事业蒸蒸日上时,需学习运用此方式。

据说赌场上的人有这么一种心态:赢家越赢越想赢,恨不得将别人的钱财全部据为己有才肯住手,结果却可能输个精光。

官场上的许多人也有类似的心态及遭遇:官职越高还越想升高,恨不得做到皇帝才罢休,结果却可能是身败名裂。

"知足常乐",这句话既含有深刻的人生哲理,又是一种很有教益的官场哲学。

萧嵩在唐玄宗时任宰相,因与另一名宰相关系不够融洽,便上书皇帝,请求退休,玄宗问他:"我并没有厌倦你,你为什么要退休?"

萧嵩说:"我蒙受陛下的厚恩,任职宰相,富贵已到了极点,趁着陛下还未厌倦我的时候,我还能够平平安安退下。等到陛下一旦厌倦我了,我的头颅都难以保住,怎么还能按自己的心愿行事呢?"

他后来终于如愿以偿,悠游园林,修身养性,一直活到 80 余岁。

很多人的失败在于不懂得适可而止,不懂得知足。萧嵩没有蹈这种人的覆辙,当他预见到可能出现的祸难苗头,便毫不留恋,及时抽身退步。他的决定是十分明智的。

可惜的是,这种明智不是人人都有的,有很多风光一时的大人物,最后却落得一个悲凉的收场。

年羹尧,字亮工,祖籍安徽怀远县,后来迁到山海关,世代为清朝征战出力,立下汗马功劳。

年羹尧早期仕途一路顺风，1700 年考中进士，入朝做官，升迁很快，到 1709 年已成为四川省长官，成为国家重要的地方大员。这个时期是清朝西北边疆多战事的时期。当时康熙重用年羹尧，就是希望他能平定与四川接近的西藏、青海等地的叛乱。年羹尧也没有让康熙失望。

由于年羹尧从小曾在雍正家里待过，因而一直视雍正为他的主人，而雍正能成为皇帝，年羹尧也出力颇多，因而即位后的雍正更加信任年羹尧。西北地区的军事民政全部由年羹尧一人负责，在官员任命上雍正也常听年羹尧的意见。雍正不仅对年本人，而且对他全家也很关照，年家大大小小基本上都受过雍正的封赏。

但是，随着权力的日益扩大，年羹尧以功臣自居，变得目中无人。一次他回北京，京城的王公大臣都到郊外去迎接他，他对这些人看都不看，显得很无礼。他有时对雍正也不恭敬，一次在军中接到雍正的诏令，按理应摆上香案跪下接令，但他就随便一接了事，令雍正很气愤。此外，他还大肆接受贿赂，随便任用官员，扰乱了国家秩序。他一出门威风凛凛不算，甚至连他家一个教书先生回江苏老家一趟，江苏一省长官都要到郊外去迎接。雍正渐渐对他忍无可忍。

1726 年初，年羹尧给雍正进贺词时，竟把话写错，赞扬的语言成了诅咒的话，雍正便以此为借口抓了年羹尧，此后又罗列了多条罪状，将他彻底打倒。最后雍正令年羹尧自杀，年羹尧在狱中上吊而死。

社会现实就是这样，当天下已定，就不再是你与老板称兄道弟的时候了，大丈夫应当进退有方，要警惕每一种危险因素。

并不是每个老板都会"杀"功臣，但功臣被"杀"，也总是有原因的。

就老板这边来说，有的纯粹是基于私利，不愿功臣来分享他的利益，抢他的光芒，所以"杀"功臣；有的老板为了保持"天下是我打的"的绝对成就感，所以"杀"功臣；更有的认为利用完了，再也不需要这批当年共打天下的"战友"，所以"杀"功臣。

就功臣这边来说，有的功臣自以为帮老板打下了天下，如今"天下太

恰到好处的做人方式

平"，自己正可以握重权、领高薪，甚至威胁老板顺从自己的意志；有些功臣因为的确功绩不凡，颇受属下爱戴，因而结党拉派，向老板"勒索"利益；有的功臣则不断对外炫耀自己的功绩，忘了"老板的存在"……

总之，功臣让老板产生威胁感、剥夺感，老板自尊被损，又不愿功臣成为负担，从义理、私心考量，于是不得不假借各种名目把功臣"杀"了。说句老实话，有时候功臣还不得不"杀"，因为有些功臣在立下战功后，会认为自己的功劳天大地大，其嚣张跋扈反而成为大局的危险因素，"杀"了他，反而可使大局清明稳定，所以"杀功臣"这件事并不见得都应受到责备。

不过，再怎么说，"杀功臣"之事总是令人伤感，而一个人若有能力，也不必避免当"功臣"，倒是天下打下来之后，自己的态度要有所调整。

1. 急流勇退，另谋出路

臣子不是必然会被"杀"，但被"杀"的可能性永远存在，因此与其待得越久，危险性越高，不如在老板还珍惜你时，以最光荣风光的方式离开，为自己寻找另一片天空。也许你走不掉，但至少这个"退的动作"也是表态，老板会欣赏你这个动作的。

2. 隐姓埋名，不提当年勇

也就是说，如今只有老板的名字，你的名字消失了，一切荣耀归于老板，你从此"没有声音"，也不可提当年勇，你一提，不就在和老板争锋头吗？他是不会高兴你这么说的。

3. 淡泊明志，终生为"臣"

利用各种时机表现自己的胸无大志，无自立为"王"的野心，永远是老板的人。你若野心勃勃，老板怕控制不了你，又怕商机被夺，迟早会对你下"毒手"。

4. 与时俱进，自显价值

很多"功臣"认为"理所应得"很多利益而不做事，然后成为退化的一群，因而被"杀"。因此要"保全性命"，必须随时显露自己的价值，让老板觉得少不得你，否则一旦成为"废物"，就会被当成"垃圾"丢掉，谁还在乎你曾是"功臣"呢?

臣子不是必然会被"杀",但被"杀"的可能性永远存在,因此与其待得越久,危险性越高,不如在老板还珍惜你时,以最光荣风光的方式离开,为自己寻找另一片天空。

方式59 路要越走越活,不要一条道走到黑

关键词:当权者·为官者·为人做事

适用情景:当权或为官者需学习运用此方式。

熟谙做人为官之道的人都明白,你不仅要迎合今日的当权者,还要留意明日的当权者,就像一个老于棋道的棋手一样,当你走出第一步棋之后,还要想到第二步、第三步如何走,走一看二眼观三,这样你才能在瞬息万变的政治舞台上,始终立于不败之地。

欲在社会吃得开,就要广交朋友,引以为援,但若只顾眼光向上,不及其余,他日靠山一倒,所谓墙倒众人推,必遭众人攻击,使自己身陷险境。

西晋时期的杜预,在中国历史上是一个十分有名的人,他文有文才,武有武略,懂天文,知地理,在当时知识领域和社会生活各方面都有杰出的贡献。结束汉末三国近百年分裂局面的伐吴之战,便是在他的建议和指挥之下进行的;他所撰写的《春秋左氏经传集解》是我国早期研究《左传》最为重要的著作。由于他多方面的才能和贡献,当时人称他为"杜武库",称赞他无所不知,无所不能,晋武帝司马炎对他也格外器重。

就是这样一个杰出的人物,当他任荆州刺史时,却经常向京师洛阳的一些权贵馈赠各种礼品。有人不解,觉得他无求于这些人,为什么还要这样?他说:"我自然没什么要有求于他们的,我只怕他们加害于我。"

由于他对封建官场有清醒的认识,预防在前,那些权贵倒也没有对他进

行过什么谄闾，他得以平安度过一生。

魏文帝曹丕，不仅对待弟兄刻薄寡恩，对待大臣也心胸狭窄。鲍勋在曹操时代担任魏郡西部都尉的官职，负责邺城（今河北临漳县）西部的治安。那时，曹丕还是太子，他的夫人郭妃之弟有罪，被鲍勋收捕，曹丕出面求情，鲍勋不答应，依法将其治了罪，曹丕由此对鲍勋怀恨在心。

曹丕当皇帝后，鲍勋不但未避让一下风头，反而一再触逆鳞，向曹丕提意见，曹丕更是愤怒难忍，如今他已大权在握，可以任意处置鲍勋了。

一次行军宿营，鲍勋任营中执法官，他的一个朋友来军营探望他，从尚未建成的营垒中抄了近道，按照军规，军营内是不许抄近道的。军营令要以违犯军规将他那个朋友治罪，鲍勋以为营垒尚未建成，才不过是刚刚打桩画线，抄近道算不了什么大错，无须处分。

这事让曹丕知道了，他可抓住了把柄，立即下令道："鲍勋指鹿为马，应交付廷尉（朝廷中的执法机关）治罪！"

"指鹿为马"，是秦朝时大奸臣赵高欺蒙国君、跋扈专权的故事，曹丕一下子便将性质定得如此严重，使执法大臣十分为难。鲍勋自己并没违反军规，他对一件事情表示一下意见，是他职权范围以内的事，就算其中难免有徇私的成分，也不至于将自己比成大奸臣赵高呀！可为了维护皇帝的面子，一些执法官提出判处他5年苦役，另一些执法官则坚决反对，认为依据法律，最多也只能判他个"罚金二斤"。

曹丕大怒说："鲍勋罪在必死，你们居然敢袒护他，我要将你们一并治罪！"

朝中一大批元老重臣都以为曹丕太过分了，纷纷出面为鲍勋求情，主持司法的大臣高柔拒不执行斩处鲍勋的诏命。曹丕更是怒火万丈，他将高柔召至朝堂软禁起来，由他亲自出面派遣使臣去杀了鲍勋，然后才将高柔放出。

鲍勋有点不知深浅，他竟然不想一想，今日的太子，便是明日的国君，你今天得罪了他，他不便发作，当他皇权独揽之时呢？有几个国君是真正大度、不计前嫌的？

也许像鲍勋之类的死心眼自恃行得正、站得直，因而无所畏惧，可是专制制度之下，哪里有什么是非标准呢？权势人物想找你的错还不容易吗？欲加之罪，何患无辞！

所以，哪怕一个人风头再劲，也要常做失意之想，为自己铺平以后的道路。

宋真宗时，后宫李妃生子，就是后来的宋仁宗。当时正得宠的刘皇后无子，宋真宗便命刘皇后认仁宗为子。

仁宗长大后，以为自己是刘皇后亲生。宫中人畏于刘皇后威严，没人敢对他说明真情，仁宗对刘皇后也极为孝顺。

宋真宗去世，仁宗即位，刘太后垂帘听政，宫中更没人敢对仁宗讲明，李妃身处真宗的众多嫔妃中，对仁宗也不敢露出与众不同之处。

后来李妃病死，刘太后想把葬礼办得简单些，以免引起别人的疑心，万一传到仁宗耳中，真相就要大白于天下了。

宰相吕夷简却反对，在帘前争执说："李妃应该厚葬。"

当时仁宗正在太后身边，刘太后吓了一跳。她忙令人把仁宗领出去，然后厉声问吕夷简："李妃不过是先帝的普通嫔妃，为何要厚葬？况且这是宫里的事务，你身为宰相，多什么嘴？"

吕夷简平淡地说："臣身为宰相，所有的事都该管。如果太后为刘氏宗族着想，李妃就应厚葬；如果您不为刘氏宗族着想，臣就无话可说了。"刘太后沉思许久，明白了吕夷简的用心，下旨厚葬了李妃。

吕夷简出宫后，找到总管罗崇勋，告诉他："李妃一定要用太后的礼仪厚葬，丝毫不能有误。棺木一定要用水银实棺，可别说我没告诉你。"

罗崇勋见宰相表现出少有的庄重与严厉，唯唯听命，于葬礼用物丝毫不敢马虎。

刘太后死后，燕王为了讨好皇上，便告诉仁宗："陛下不是太后所生，而是李妃所生，可怜李妃遭刘氏一族陷害，死于非命。"

仁宗大惊，忙传讯老宫人。刘太后已死，无人再隐瞒此事，便如实禀告。

仁宗知道后，痛不欲生。他在宫中痛哭多日，也不上朝，一想到亲生母亲曾朝夕在左右，自己却不知道。母亲在世之时，自己从未孝养过一日，最后竟然不得善终。他越思越痛，便下诏宣布自己为子不孝的大罪，追封李妃为皇太后，并准备为她以太后之礼改葬。待改葬后再查实，清算刘太后一族的罪过。

然而宫闱秘事本来就是无法查实，也无法说明。刘氏宗族的人知道后惶惶不可终日。既无法申辩，只能坐待灭族大祸了。大臣们见皇上已激愤到极点，便没人敢为刘太后一族说上一句话。

改葬李妃时，仁宗抚棺痛哭，却见李妃的尸体因有水银保护，面目如生，肌体完好，所用的葬器都严格遵照太后的礼仪。

仁宗大喜过望，哀痛也减少许多，他对左右侍臣说："小人的话真是不能信啊。"改葬完后，仁宗非但不追究刘氏一族的罪过，反而待之更为优厚。

宋朝时贤相辈出，远胜于其他朝代。吕夷简虽称不上是贤明宰相，不过在处理仁宗生母李妃的葬事上，倒显示出人所难及的深谋远虑。

试想仁宗打开母亲的棺木，如果尸体腐烂不可辨识，陪葬的器物再俭薄不成体统，他痛上加痛，一怒之下也许根本不愿去查，就会使朝野之内遭殃的人肯定不在少数。

我们在为人处世时应当寻求多种方案、多种选择、多种出路，一计不成，还可再施一计，这样才足以在复杂多变的社会中立于不败之地。

做人的艺术，其实是一个平衡的艺术，既要左顾右盼，照顾到方方面面的利益，又要瞻前顾后，考虑到事情的前因后果。不能只在一棵树上上吊，也不能一条道走到黑。

方式 60 花要半开，酒要半醉，人要懂得收敛

关键词：明枪暗箭·防不胜防·懂得收敛

适用情景：做人过于张扬时需学习运用此方式。

在今天高度竞争的社会里，虽然我们应该相信人们是友好的，但这并不是说不存在心怀叵测的人，有些时候别人对你的明枪暗箭，你会防不胜防。知道收敛自己，懂得守住自己的一亩三分地，该争须争，当退则退，能够掌握做事情的进度，对我们来说是很有用的。懂得收敛就更是人生的一大智慧。

荀攸是三国时曹魏阵营里著名的谋士，他在朝 20 余年，能够从容自如地处理政治漩涡中上下左右的复杂关系，在极其残酷的人事倾轧中，始终地位稳定，立于不败之地。荀攸是如何安身的呢？曹操说他"外愚内智，外怯内勇，外弱内强，不伐善，无施劳，智可及，愚不可及，虽颜子、宁武不能过也。"什么意思呢？就是说他谋略智慧过人，作战奋勇当先，做事不屈不挠。但他对曹操、对同僚，却不露锋芒、不争高下，把自己表现得总是很谦卑、文弱、愚钝。因为他知道伴君如伴虎，处处收敛自己，结果在 20 多年中深受曹操宠信。

所谓"花要半开，酒要半醉"，凡是娇艳盛开的鲜花，也就预示着衰败的开始。有些人不知收敛，精明过头，才落得个惨败的下场。能取得名位很重要，能懂收敛、获得圆满更重要。很多人在社会上能如鱼得水，其实就是因为他们深知"收敛"的道理。收敛不是说故步自封、停滞不前，而是说要恰到好处、点到为止。

宋仁宗时，王旦任宰相。他虽不是像魏征、吕蒙正那样的名相，但其在人品上也堪称楷模。寇准本是王旦一手提拔起来的，但寇准出于嫉妒之心，总是在仁宗面前说王旦的坏话。而每当仁宗问王旦谁最称职时，王旦却总是

恰到好处的 做人 方式

称赞寇准。宋仁宗感到不解，问："为什么寇准总是挑你的毛病呢？"王旦说："臣在相位久了，政事一定有许多不足之处。寇准将其所见反映给陛下，正见其忠直。也正是如此，臣才看重他。"仁宗听后，更加佩服他的为人。

有一次，王旦写的诏书违反了规矩，寇准见到后立即送到仁宗那里，致使王旦和相关的许多人受到不同程度的惩罚。巧的是没过几天，寇准起草的诏书也违反了规矩。王旦的手下人以为有了报仇之机，就把诏书拿给王旦。王旦看后却把诏书送回到寇准那里，让其重写。寇准非常惭愧，见了王旦说："你有如此大的度量，真让我自愧不如呀！"王旦为相，从未露过锋芒，百官却对其敬佩有加，这不正是他善于收敛自己的结果吗？

一个人在社会上能达到什么样的高度，是一个循序渐进的过程。功利之心太重，向上走的急切溢于言表，反而会被人看轻。世界上有许多伟大人物，都是从当初的卑微中走出来的，世界之所以可以接纳他，是因为他谦逊和诚恳。如果一个人一无所长而眼睛长在额角上，是找不到自己的座位的。

在日本，丰臣秀吉可以说是家喻户晓的人物。是他统一了日本，结束了日本长期藩镇割据的形势，成了日本的英雄。

丰臣秀吉出生于一个贫苦农民家庭，少年丧父，流落于江湖。

直到 1558 年，他在路上遇到名古屋的领主织田信长，情况才有所改变。当时他对着信长大喊，信长勒马问："你有什么事相求？"他说道：

"想请您让我做您的家臣！"

"什么理由呢？"

"我想跟随能称雄天下的贤主。"

"你的武艺如何？"

"低劣。"

"学问呢？"

"没有。"

"才智呢？"

"自以为并不比别人强。"

138

"那么，你究竟有什么专长呢？"

"并没有专长。"

"哦！很老实嘛！那你凭什么追随我呢？"

"真心。"

信长于是收留了他。

丰臣秀吉在信长手下，从最低级士兵做起，信长因为喜欢他的聪明，对他加以重用，后来他终于成了统一日本的英雄。

谈理想、论英雄也是需要资格的，在更多的时候，我们应该把梦想藏在心里，埋头耕耘，让成绩说话。

人有个性不要紧，但这不代表我们就可以肆无忌惮地表现自己。比如说在职业场所，打工就安心打工，雄心壮志回去和家人、朋友说。有些人会认为对事业有想法是进取心的表现，其实它的负面影响会使我们得不偿失。如果你时不时就念叨"这一行我已很熟、另立门户也撑得起"、"35岁时我必须干到部门经理"，则很容易会被上司与同事看作是敌对者。

野心人人都有，但是位子有限。你公开自己的进取心，就等于公开向公司里的同僚挑战。以后你再接什么项目，拆台的人肯定会比捧场的多。一个人有价值是做出来的，不是说出来的，作风低调一些是绝对应当的。

在社会上、在职业场所甚至在我们的朋友圈子里，每个人都有自己的位置，有这个位置上的限制和规则。你的一言一行，必须和自己的身份相称。

知道收敛自己，懂得守住自己的一亩三分地，该争须争，当退则退。能够掌握做事情的进度，对我们来说是很有用的。

恰到好处的 做 人 方式

方式 61 做人不能太贪心

关键词：贪心·欲望·奢望

适用情景：贪心过重的人需学习运用此方式。

佛经《大庄严论经》中有一则关于贪得无厌的老婆婆的故事。

昔时，释迦牟尼住在舍卫国只园精舍时，一位老婆婆背着装满了酒的瓶子走过来，她沿路津津有味地吃着答麻林度的甜果实，不久感觉口干舌燥，就到附近人家的井边，请求女主人给她一杯水喝。由于她吃的答麻林度的甜味尚余留在嘴里，所以觉得那水如蜜一般甜，她很感激，便问："啊，好甜！太太，能不能用我的酒交换你的水？"女主人听了这位好奇的老婆婆的话，就答应说："好啊！"于是拿水和她交换。

老婆婆带着水瓶回家，马上又喝那甘甜的水，结果水平淡无味，她以为是自己的舌头有问题，又再饮了几次，仍未感觉有何味道，因此她唤来亲族知己试饮，没有一个人认为那水有特别之处。他们纷纷劝她："老婆婆，你喝了如此不干净的水，有伤身体哟，你到底是从哪儿弄来的这些水呢？"至此老婆婆才恍然大悟，原来是因为自己吃了答麻林度的甜果实再喝水，方误以为水是甜的，她非常懊恼竟将酒白白送给了人家。

在这世界上，类似这样因嗜欲太深而蒙受重大损失的大有人在。庄子说："其嗜欲深者，其天机浅。"食、色，都是嗜欲，此外的一切金钱物质享用，也都是"嗜欲"。"天机"是智慧、是灵性，以庄子的看法，一个人如果欲望多，他就缺少智慧与灵性。

只有拿到自己手里的才是自己的，太贪心了会让你失去一切。

俄国诗人屠格涅夫有一次外出，遇见一个乞丐伸着枯槁的手向他讨钱。屠格涅夫把手伸进口袋，忽然发现忘了带钱包，他只得怀着愧疚的心情，拉着乞丐的手握了握说："真对不起。"那个乞丐却紧紧握着屠格涅夫的手说："兄弟，够了，有这么点就够了。"

我们到处流浪，到处寻找，到处乞讨，仅为了几个叮当作响的铜板吗？我们至今仍然像乞丐一样乞求着人类的那份诚意。

我们从来不要求大人物能体察小人物的内心，只企求他们不要妨碍小人物自己选择自己的生活；我们从来也不敢奢望人类有一天会变得如天使般美好，我们只祈求今天比昨天更好，明天比今天更好，就足够了。

不论走到东还是走到西，只要静观我们的生活，就可以发现，人并不是对所有的东西都敢奢望的。有时，他要得很少，很可怜，有那么一点就够了。雨天的一把雨伞、情绪低落时的几句安慰、生日的一张贺卡、平日的一个问候电话……这些微不足道的事情，常常会发挥意想不到的功效。

方式 62 淡泊名利，不要使欲望永无休止地膨胀

关键词：欲望·权力·陷阱

适用情景：当权利欲望过于重时，需学习运用此方式。

大多数人都拥有权力欲望，从某种意义上说，这种欲望是值得肯定的。但有时这种权力欲望恰恰是一个陷阱，会迷失一个人的心智，会毁掉一个人的本性。看看社会上那些落马的贪官，我们就不难明白：在很多时候，成功就是一个陷阱。

而对于那些淡泊名利、懂得知足的人，总能克制自己的欲望，不使欲望永无止境地膨胀。

刘邦初定天下，封萧何为宰相，一时之间，有不少人都登门向他道贺，唯有一个叫召平的人提醒萧何："你的灾祸可能会从此发生。现在皇上离开

恰到好处的做人方式

京城，率兵打仗去了，增封你为宰相，掌管护卫兵，一方面是为了讨好你；另一方面也是为了警戒你。如果你现在辞退增封，献出自己的财产做军费，皇上一定会很高兴，也会减少心中的疑虑。"萧何仔细一想，认为有理。于是，他照着召平的建议去做，把自己的子弟送到军中随刘邦作战，又把自家的资财捐输到前方做军费，高祖果然高兴。黥布叛变的时候，高祖带兵亲自去讨伐。留在后方的萧何则全力抚慰百姓，安定民心。有人见他这样投入，勤勤恳恳，非常担心，就劝他说："相国小心一家人遭杀身之祸啊！自从你入关十多年来，收揽民心，人们打心眼里敬重你，陛下知道你是众望所归，所以常常派人打听你的动向，唯恐你忘恩负义背叛他。你如果想保全家人的性命，从今天开始就要破坏形象，把声望压下来，才能让陛下安心。"萧何细一思量，认为他有理，便昧着良心，没收百姓土地，扰民、乱民，使百姓怨声载道，萧何的威信当然也下降了。更妙的是，萧何故意在小事情上斤斤计较，贪图小利，使刘邦认为他胸无大志而放心。然而刘邦哪里知道，这正是萧何采用的遁灾自保的策略。

李靖曾《题六和塔》诗说："经从塔下几春秋，每恨无因到上头；今日始知高处险，不如归去卧林丘。"一个人能体会到"高处险"，自然能居安思危。溢满思退，就能知足知止，淡泊藏用；知足知止，就能不骄不矜，无得无失。

俗话说："创业难，守业更难。"历代之中，有多少英雄豪杰功败垂成。稍有成功、事业稍大时，便自满得意，骄矜无忌，贪得无厌，树敌无数，惰怠荒废，随心所欲，不知谨守不失的道理。要想谨守不失，全在于知足知止。知足知止，就知道创业的艰难，就能战战兢兢，诚惶诚恐，如临深渊，如履薄冰。所以庄子借北海之神的口气说："懂得道的人，一定能通达事理；通达事理的人，一定明智而随机应变；明智而随机应变的人，不会受到外物的伤害。道德崇高的人，火不能烧他，水不能淹他，寒暑不能损伤他，禽兽不能伤害他。这不是说人有意去触犯有害之物，而是说能察安危，对祸福的来临冷静对待，谨慎进退，所以无法加害他。因此说，不要用人事毁灭天然，不要用世事毁灭天命，不要因考虑得失而为功名做出牺牲。牢记这些道理，就达到了返归真性的境界。"

　　一个人物质上的欲望越少，精神上拥有的自由越多。如果我们把一切的物欲、名位等得失放开看破，使自己安于淡泊朴素不求闻达的生活，心情自然就安宁了。

第九章

恰到好处地分享

功劳分给大家享,同时也要给自己留一点

人人都喜欢舞台中央的位子,但是坐到这个位子上以后,烦恼也会随之而来。争功的、拆台的、看笑话的,种种人等,让你应接不暇。

面对成功的花环,我们应当引起警惕的问题是,第一,有成绩与大家分享,不可独享荣耀;第二,表现不要太完美,真实自然,才更有亲和力,也更有说服力。

方式 63 再美味的蛋糕，也不能自己吃得一干二净

关键词：有福同享·有难同当·分享

适用情景：不喜欢跟他人分享成绩或功劳的人需学习运用此方式。

不管是在与人交际中，还是商业合作中，有福同享，有难同当，是赢得好人缘最直接、最有效的方法。当你在某一工作岗位上取得一些成绩时，自然要为之而庆祝，不过千万不要忘记，自己为之高兴的同时，还要考虑一下这成绩的由来。如果成绩的取得完全依靠自己的力量，自己为自己高兴还说得过去，别人也会祝贺你，但是，不要忘了人"眼红、嫉妒"的劣根性，所以为了自保，还须给自己留条后路，把荣耀和大家一同分享，免得自掘坟墓。

凡森在一家图书出版社担任编辑。他为人随和也很有才气，平日里总喜欢与同事开些小玩笑，所以与单位上下关系都非常融洽。舒心的工作氛围，给凡森创造了许多写作的机会，闲下来时，他就拿起笔随意地写点什么。

有一次，他编辑的图书在评选中获得了大奖，而且位居排行榜榜首。为此，他感到无比荣耀。大概是开心过了头，他逢人便说自己的图书获了大奖，同事们表面上纷纷向他祝贺。可是，一个月过去了，他发现工作氛围似乎有些沉闷，平日里的笑容全部消失了。单位里的同事，似乎都在刻意地躲避他，有的还有意和他过不去。一段时间以后，他终于找到了矛盾的根源，原来他犯了"吃独食"的错误。

这本书之所以获得大奖，身为责编功劳自然很大，可是那毕竟不是凭他一个人的力量完成的，其他人也为此付出了很大的努力，这份荣耀他们也应当分得一份。在荣耀面前，他们不会认为某个人的功劳最大，唯一的想法就是认为自己"没有功劳也有苦劳"，分享一份荣耀是理所应当的。所以，凡森

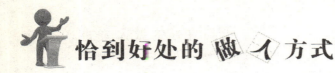

恰到好处的做人方式

一个人独占了所有的荣耀，别人心里当然不舒服。

那么，在成绩面前，最受欢迎的表现是怎样的呢？

让我们来看一个小笑话：

一位国王贴出告示：谁敢从一个有鳄鱼出没的湖泊里游过去，谁就是这个国家最勇敢的人，他将可以娶公主为妻并且得到一个城池的陪嫁。到了正式比赛的那一天，鳄鱼湖边聚集了许多跃跃欲试的青年男子和看热闹的人，但是却没人敢第一个下去。正当大家互相观望的时候，只听得"扑通"一声，一个年轻人跳到水里，飞快地向对岸游去。终于，他上岸了，大家迎上前去，欢呼英雄的诞生。但却见那位年轻人站直了身子，大声喊道："是谁把我推下去的？"

按照最正常的做法，那个年轻人上岸后，应当发表一番慷慨激昂的演说，为自己的英勇行径增光添彩。他可以说自己一向以前辈英雄为目标激励自我，所以在关键时刻才有临危不惧的勇气；也可以说他平时一直在苦练游泳技术，所以才能拥有今天出色的表现和力量。但他却承认了自己是被人推下去的，使自己看起来不像个英雄而像个侥幸的傻蛋。

如果这不是一个故事而是一件真实的事，那么结果会如何呢？首先那数以万计的观者会透过一口气来，在心里暗暗思忖：不是我不够勇敢也不够幸运，谁让人家正赶到点子上了呢？这个傻小子倒有三分可爱，想必是个没有谋略没有野心的主儿，以后倒也不必认真防他。对于国王，他要的只是结果，只要达到了预期的目的，他就要履行当初的承诺。

别以为这和谦和的态度会使你的成绩暗淡，你的上司是干什么的？他们的眼睛亮着呢！

再美味的蛋糕，也不能一个人吃得一干二净。应付好了周围的人，就可以缓解种种鸡鸣狗盗的争斗，省下不少力气。我们在看电视的时候，常见那些得了各种奖项的人，在台上啰里吧嗦一大堆，感谢领导，感谢同仁乃至感谢为公司做清洁的大妈。这些套话，观众也许会听得打呵欠，可换个角度想一下，如果他是你身边的人，如果他提到的名字里有你呢？滋味一定大不相同了吧？与人分享荣耀，可使大家的心理得到平衡，是继续团结协作的润滑剂。

当你在工作中取得一定的成绩时，别忘了做人的原则，一定不能吃独食，而要与别人一同分享荣耀，免得自掘坟墓、自断后路。

方式 64 不要让别人嫉妒你

关键词：高高在上·淡化嫉妒·出风头

适用情景：喜欢出风头、总认为自己比别人强的人需运用此方式。

在生活中，从我们本身的心理来说，大概人人都喜欢站在领奖台上，接受大家的掌声和称赞。有风头可出，总是一件乐事，可如果我们能做一下换位思考，就会发现一些新的问题：被人捧着，滋味当然不错，可下面作为观众的一方呢？望着那些被上天眷顾的幸运儿，心里产生一些酸溜溜的味道也在所难免了。这种感觉，就是嫉妒的前兆，如果当事人处理不当，隐患就可能爆发，隔阂就可能产生。

张丰在一家大公司的企划部工作，是个很有才华的年轻人。近期公司有一个重要项目，张丰第一次挑了大梁。他精心准备了一个月，终于把一份完备的计划书呈送至老板面前。在会议上各部门主管都一致赞许他的真知灼见，老板更是赞赏有加，喜上眉梢。张丰春风得意，难禁喜悦之色，大有世界都属于自己的感觉。

同事们都向张丰表示祝贺："看来，老板就只信任你一个！""经理这个位置，非你莫属了！""嘿，他日成了一人之下万人之上，千万别忘记我啊！""你的聪明才智，公司里没人可及哩！"

张丰有些飘飘然了，他感慨道："是金子总要发光的，这一天终于被我等到了。看着吧，以后我会表现得更好，我可不想在单位窝窝囊囊过一辈子！"

恰到好处的做人方式

张丰这番表白，听起来慷慨激昂，但是在听者耳朵里，却未必舒服。有些人是很自私的，你呼风唤雨，一定惹来这些人的妒忌。表面上，他们或许对你阿谀奉承，甚至扮作你的知己和倾慕者，私底下却恨你入骨也说不定。在你兴奋忘形之际，也许正是你自埋炸弹之时。

叫别人妒忌你，是十分失败的事，何况无端树敌，会给日后带来不必要的麻烦。但是，如何才能避过这些因嫉妒而产生的敌意呢？

切记，淡化嫉妒也就是淡化你的优势——你不比别人强，别人还嫉妒你什么？即使明摆着比别人强，也要在感情上和大家走到一起，认为自己不比别人强，这样，别人反倒不再嫉妒你，也会认为你是靠自己的努力得来的优势。

具体说来，有以下几种方法可淡化嫉妒：

1. 介绍自己的优势时，强调外在因素以冲淡优势

你被派去单独办事，别人去没办成，而你却一下子办妥了。这时，你若开口闭口"我怎么怎么"，只能显出你比别人高一筹，聪明能干，而招致嫉妒。但你要是这么说："我能办妥这件事，一方面是因为前面的同志去过了，打下了基础，另一方面多亏了当地群众的大力帮助。"这就将办妥事的功劳归于"我"以外的外在因素——"前面的同志和群众"中去了，从而使人产生"还没忘了我的苦劳，我要是有群众的大力帮助也能办妥"这样的藉以自慰的想法，心理上得到了暂时的平衡，"我"在无形中便被淡化了优势，其实你的功劳，领导和多数同事是看得很清楚的，不要以为这样说就会淡化了自己的功劳。

2. 言及自己的优势时，不宜喜形于色，应谦和有礼

人处于优势自是可喜可贺的事，加上别人一提起一奉承，更是容易陶醉而喜形于色，这会无形中加强别人的嫉妒。所以，面对别人的赞许恭贺，应谦和有礼、虚心，不仅显示出自己的君子风度，淡化别人对你的嫉妒，而且能博得对你的敬佩。请看下例：

"小张，你毕业一年多就提了业务厂长，真了不起，大有前途呀！祝贺你啊！"在外单位工作的朋友小李十分钦佩地说。"没什么，没什么，老兄你过奖了，主要是赶上了天时地利，领导和同事们抬举我。"小张见同一年大学毕业的小李在办公室里工作，便压抑着内心的欣喜，谦虚地回答。

不难想象，小张此时如果说什么"凭我的水平和能力早可以提拔了"之类的话，与小李相处好那才怪呢。

3．突出自身劣势，故意示弱

如同"中和反应"一样，一个人身上的劣势往往能淡化其优势，给人以"平平常常"的印象。当你处于优势时，注意突出自己的劣势，就会减轻嫉妒者的心理压力，产生一种"哦，他也和我一样无能"的心理平衡感觉，从而淡化乃至免除对你的嫉妒。

比如，你是大学刚毕业的新教师，对最新的教育理论有较深的研究，讲课亦颇受同学欢迎，以致引起一些任教多年却缺乏这方面研究的老教师的强烈嫉妒。这时，你若坦诚地公开、突出自己的劣势：教学经验一点都没有、对学校和学生的情况很不熟悉等等，再辅以"希望老教师们多多指教"的谦虚话，无疑会有效淡化自己的优势，衬出对方的优势，减轻弱化老教师对你的嫉妒。其实在生活中，每个人都有自己优于别人的地方，也有不如别人的地方。显示自己不如别人的地方，并虚心向别人学习，也正是为了巩固自己的优势、一种在不被他人嫉妒的情况下的巩固。

4．强调获得优势的"艰苦历程"

根据心理学上"通过艰苦努力所取得的成果很少被人嫉妒"这一观点，如果我们处于优势确实是通过自己的艰苦努力得到的，那么不妨将此"艰苦历程"诉诸他人，加以强调，以引起他人同情，减少嫉妒。

比如，在邻居、同事还未买车的时候，你却先买了。为了免遭"红眼"，你可以这么说："我买这辆车可不容易。你们知道我节衣缩食积蓄了多少年吗？整整6年啊！辛苦啊！我们夫妻俩都是低工资，一个硬币一个硬币地攒，连顿饭都不舍得在外面吃，太难了……"听了这些话，对方就很难产生嫉妒之心。相反，或许还会报以钦佩的赞叹和由衷的同情。

恰到好处的 做人 方式

学会淡化别人的嫉妒心理，将有利于促进同事、朋友、邻里等人减少彼此的隔阂与敌意，快乐地享受你的成功。

别担心你所做出的努力会被别人遗忘，因为你的所作所为在你的上司眼中瞧得清清楚楚，如果自己一味卖弄、夸耀，反而会落得邀功之嫌。当然同事也会觉得十分无趣，达不到双赢的目的。

相对地，如果大大方方地与人分享功劳，一方面可以做个顺水人情，另一方面上司也会认为你很懂得搞好人际关系。可是卖这份人情的手法必须做得干脆利索，不可矫揉造作，更不可对同事抱着"施恩"的态度，或希望下次有机会讨回这份人情。

就某种意义而言，大家在同一个公司里，可以说是同舟共济、甘苦与共，人人都应成为朋友，可以倾诉烦恼和互相帮助，更可借良性竞争发挥彼此激励的效果。

我们要强调分享，与人分享是一种获得别人真诚合作的"心机"，也是成大事的基础。

当你在工作和事业上干出点小名堂，小有成就时，这当然是值得庆幸之事，你也应当为自己高兴。但是有一点，如果这一成绩的取得是大家集体的功劳，或者离不开他人的帮助，那你千万别独占功劳。

第十章

恰到好处地定位

自己的位置不可摆得太高，也不能过矮

　　做人要保持谦逊，不能自作聪明，不要总以为自己比别人多一点智慧。巴甫洛夫说："决不要骄傲。因为一骄傲，你们就会在应该同意的场合固执起来；因为一骄傲，你们就会拒绝别人的忠告和友谊的帮助；因为一骄傲，你们就会丧失客观方面的准绳。"

　　谦逊的目的，并不是使我们觉得自己渺小，而是为了更好地了解自己。在我们身边，那些成功的人都是谦逊的人，他们能给自己一个准确的定位。

方式 65 清醒地认识自我，给自己准确定位

关键词： 认识自我·准确定位·自知之明

适用情景： 不能正确认识自己、准确给自己定位时，需学习运用此方式。

"人啊，认识你自己吧。"这是一句刻在古希腊特而斐城阿波罗神庙的神谕。

老子曾说过一句话："自知者明。"

有两个故事最能说明有自知之明的重要性。

第一个故事说的是没有自知之明的青蛙。

森林中，动物在举办一年一度的比"大"比赛。老牛走上台，动物们高呼："大！"大象登场表演，动物也欢呼："真大！"这时，台下角落里的一只青蛙气坏了：难道我不大吗？它一下子跳上一块巨石，拼命鼓起肚皮，同时神采飞扬地高声问道："我大吗？"

"不大。"台下传来的是一片嘲讽的笑声。

青蛙不服气，继续鼓着肚皮。随着"嘭"的一声，肚皮鼓破了。可怜的青蛙，到死也不知道它到底有多大。

第二个故事说的是了解自己的登山队员。

有一位登山队员，一次他有幸参加了攀登珠穆朗玛峰的活动，到了7800米的高度，他体力支持不住，停了下来。当他讲起这段经历时，朋友们都替他惋惜，为什么不再坚持一下呢？为什么不再往上攀一点高度，再咬紧一下牙关，爬到顶峰呢？"不，我最清楚，7800米的海拔是我登山生涯的最高点，我一点也不为此感到遗憾。"他说。

青蛙不了解自己，受到了命运的惩罚；登山队员了解自己，所以他安然无恙。了解自己，是一种智慧，是一种美好的境界。

恰到好处的 做 人 方式

现代人都有一种通病，那就是不了解自己。我们往往在还没有衡量清楚自己的能力、兴趣、经验之前，便一头栽进一个过高的目标——这个目标是比较得来的，而不是了解自己之后定出来的，所以每天要受尽辛苦和疲惫的折磨。

人如果在生活中总是与别人比较，总是希望获得他人的掌声和赞美，博取别人的羡慕，那么，他就会慢慢地迷失自己。一个人成天乞讨获得别人的掌声，他的生活必然是空虚的，久而久之，他的生活就变成了负担和苦闷，而不是充实和享受。所以，人贵在了解自己，根据自己的能力去做人做事，才有真正的喜悦。俗话说："旁观者清，当局者迷。"苏东坡在《题西林壁》一诗中也说：

横看成岭侧成峰，远近高低各不同。

不识庐山真面目，只缘身在此山中。

我们自己看不清自己的主要原因，就和身在庐山反而看不清庐山真面目是一个道理。要使自己对自我有自知之明，就得让自己跳出自我的小圈子，站在旁观者的立场来分析和评价自己。鲁迅先生曾说过："我有时解剖别人，但常常更严格地解剖自己。"这样才能对自己有清醒的认识。

我们对自己的了解越明确，所表现的行为将越适合本身的情况，我们的表现也会越自然，越能给旁人一个正确的印象。同时旁人根据那些印象来与我们交往时，将不致引起什么困难。就我们自己来说，对本身有一个明确的了解，也等于有了一个做人的准绳，尽管在不同的情况下，我们还能表现颇为一致的姿态与行为模式，别人也知道该怎样和我们来维持适当的关系。

人彼此都不相同，有的人聪明，有的人平庸；有的人强壮，有的人羸弱。每个人的性格、能力、经验也各不相同。我们只有依照自己的潜能去发展，才有真正的快乐。

方式66 天不言自高，地不言自厚

关键词：高估自己·低估别人·目空一切

适用情景：当总是喜欢过高估计自己而过低估计别人时，需要学习运用此方式。

人是很怪的。有的人依恃着自己的才能、学识、金钱等，目空一切，狂妄自大。"狂"其实是不好的、不可取的，它的本意指狗发疯，如狂犬。做人如果与"狂"相结合，便会失去人的常态，便会产生不文雅的名声。

一般来说，人们称狂妄轻薄的少年为"狂童"，称狂妄无知的人为"狂夫"，称举止轻狂的人为"狂徒"，称自高自大的人为"狂人"，称放荡不羁的人为"狂客"，称狂妄放肆的话为"狂言"，称不拘小节的人为"狂生"……

《三国演义》里有一个祢衡，堪称"狂夫"。他第一次见曹操，把曹营中勇不可当的武将、深谋远虑的谋士，人人贬得一文不值。他贬低起人来如数家珍，如"荀彧可使吊丧问疾，荀攸可使看坟守墓，程昱可使关门闭户，郭嘉可使白词念赋，张辽可使击鼓鸣金，许褚可使牧牛放马，乐进可使取状读诏，李典可使传书送檄，吕虔可使磨刀铸剑，满宠可使饮酒食槽，于禁可使负版筑墙，徐晃可使屠猪杀狗，夏侯惇称为'完体将军'，曹子孝呼为'"要钱太守"'。其余皆是衣架、饭囊、酒桶、肉袋耳。"

祢衡称别人是酒囊饭袋，称自己却是"天文地理，无一不通；三教九流，无所不晓；上可以致君为尧、舜，下可以配德于孔、颜。岂与俗子共论乎！"更有甚者，当曹操录用他为打鼓更夫时，祢衡击鼓骂曹，扬长而去。对这种人，曹操自然不肯收留。祢衡又去见刘表、黄祖，依然边走边骂，最后被黄祖砍了脑袋，做了个无头"狂鬼"。

恰到好处的做人方式

狂妄与无知是联系在一起的，"鼓空声高，人狂话大"。大凡狂妄的人，都过高地估计自己，过低地估计别人。他们口头上无所不能，评人评事谁也看不起，总是这个不行，那个也不中，只有自己最好；在他们眼里，自己好比一朵花，别人都是豆腐渣。

有的人读了几本书，就自以为才高八斗、学富五车、无人可比，现时的文学大家、科学巨匠全部不在话下；有的人学了几套拳脚，自以为武功高强，身怀绝技，到处称雄，颇有打遍天下无敌手的气势。然而，狂妄的结局就像祢衡那样，是自毁、是失败。

人们常说："天不言自高，地不言自厚。"自己有无本事，本事有多大，别人都看得见，心里都有数，不用自吹，更不能狂妄。没有多少人乐意信赖一个言过其实的人，更没有一个人乐意帮助一个出言不逊的人。不论是庄子还是老子，都劝人要以谦抑为上，不可自作聪明地显示、夸耀自己的才能和实力。只有这样，才能不被人妒忌，才能很好地保护自己。

方式67 狂态尽露只会引起别人的反感

关键词：傲慢·浅薄·得意忘形

适用情景：初出茅庐、年轻气盛者需学习运用此方式。

一个人，无论你已取得成功或是还没有出师下山，都应该谨慎平稳，不惹周围人不快，尤其不能得意忘形狂态尽露。特别是年轻人初出茅庐，往往年轻气盛，这方面尤其应当注意。因此心气决定着你的形态，形态影响着你的事业。

人们所称道的谦虚不单是做人的美德，也是干事业做学问必须恪守的一条原则。但谦虚不是照搬人家的成功经验，更不是对别人言听计从，没有自己的主见，而是学习人家的长处来丰富自己，进而形成自己的个性和风格，创建自己的思想体系。

谦虚是一种以退为进的人生谋略。天下之大，非人的才力可以掌握。比如一个人埋头看书，即使每天不吃不睡不玩，坚持看到 100 岁，在一般人眼里可能算是博览群书，知识渊博了。但是世上的书籍浩如烟海，无穷无尽。他所看过的书与之相比，只能为九牛之一毛，大海之一粟。再如，就中国而言，地大物博，仅名山名川就有千百之多，从阅历上讲，没有人能踏遍中国的每一寸土地，即使徐霞客复生也不行。所以，先贤总结出一句话："天下无穷进境，多从'不自足'三字做起。"

一些人自恃地位高贵、知识丰富、阅历广泛，因而目空一切，压根儿就瞧不起别人，表现出一股不可一世的傲气。对付这种傲气者只要巧妙地设置一个难题，就可抑制其傲气，这是因为不管其知识多么丰富，阅历多么广泛，在这个大千世界里都毕竟是有限的，而其一旦发现自己也存在着知识缺陷，其傲气自然就会烟消云散。

在一次国际会议期间，一位西方外交官非常傲慢地对中国一位代表提出一个问题："阁下在西方逗留了一段时间，不知是否对西方有了一点开明的认识？"显然，这位外交官是以傲慢的态度嘲笑中国代表的无知。中国代表淡然一笑回答道："我是在西方接受教育的，40 年前我在巴黎受过高等教育，我对西方的了解可能比别人少不了多少。现在请问你对东方了解多少？"而对中国代表的提问，那位外交官茫然不知所措，满脸窘态，其傲气荡然无存。

显然，中国代表所提出的问题，那位自以为知识丰富而满身傲气的外交官是无法回答的，因为他不了解东方的情况，因此不但没有显示自己丰富的知识，反而暴露了自己的无知，因此，还有什么傲气可言呢？

汉代冯异自幼好学，熟读《左氏春秋》、《孙子兵法》等书，归附刘秀的起义军之后，很快就崭露头角。

冯异既有统率正规部队和治理郡县的才能与素养，又具备良好的作风。首先，他为人谦逊，在路上与其他将军邂逅时，他总是先引车让路。其次，

恰到好处的做人方式

他率领的队伍整齐，进止皆有规矩，成为刘秀全军的模范。特别是在每次战役结束后，部队要驻扎休整，将军们大多围坐在一起争功论赏，独有冯异从不居功自傲，总是只身一人坐在大树下默默无言地思考战斗的经验教训。久而久之，人们看到他这种与众不同的作风，便称呼他"大树将军"。当他们攻破邯郸后，刘秀准备把收集的散卒分配给诸将，结果，兵士们都踊跃地报名，自愿归入"大树将军"麾下。这种士卒们自发的爱戴之心，不仅使刘秀十分器重冯异，而且使"大树将军"这个称呼迅速在全军中传播开来。他们认为"大树将军"不单不居功自傲，而且把功劳归予众将士，所以获得了将士们的亲附。

不骄傲、不自满，谦虚使人进步。在现实生活中，有的人才思过人，能力很强，但一说话就给人一种趾高气扬的感觉，总喜欢表现自己，总想让别人知道自己的能力，处处想显示自己的优越感，从而能获得他人的敬佩和认可，可结果却往往适得其反，失掉了自己的威信，别人也很难接受他的任何观点和建议，因此，也就更无从谈起取他人之长了。尤其是对于那些刚刚走上一个陌生岗位的人，不应当过早地暴露自己，应当谦虚，从他人身上学到对你更有益的东西，当你默默无闻的时候，你会因一点成绩而一鸣惊人，同时也增加了你的人气，这就是深藏不露的好处。

对待不同的人，也有不同的要求。如对待上级，有时需表现得谦虚一些，一则给上级以应有的尊敬，可以得到信任，二则说明对自己的位置有清醒的认识，更能认真对待本职工作。对待同事，在平等的基础上显出谦逊的姿态，有利于缓和关系、化解矛盾。对待下属，一定的谦虚是必要的，特别是在下属提出要求或建议时，保持宽大胸怀，谦逊地聆听，是取信于下属的较好方式。在社交场合，谦虚是一种礼节，自然也不可少。但所有这些都有一个大前提，那就是尊重。谦虚本来是要尊重他人而最终目的是要使自己也获得他人的尊重。因此，自尊是谦虚的基本前提。但是太过于谦虚，甚至于卑躬屈膝，不仅不会获得别人的尊重，反而会适得其反。

要有所成就，就要摆正自己的位置。不能骄傲自满，不能鄙视他人，对自己的短处和不足有高度的自觉，永远以自己的短处和他人的长处相比较，虚心向他人学习，以不断充实完善自己。

方式68 给自己定位时，别忘温良恭俭让

关键词：传统美德·温良恭俭让·低调

适用情景：那些自高自大、处处张扬自己的人需学习运用此方式。

谦逊和低调，是中国人的传统，也是古代圣贤们的一种重要美德。

孔子的弟子子禽向子贡问道："我们的老师每到一个国家，一定能听得那个国家的政事，这是求来的呢？还是人家主动告诉他的呢？"子贡说："老师是靠温和、善良、恭谨、节制、谦让而得到的。我们的老师获知各国政事的方法，和一般人决不一样啊！"

孔子带领弟子们游历各国，对每个国家的行政方针、风土人情都了解得很清楚。这不是一味跟在人家身边追问而得到的，孔子身上的种种高贵品格，像磁石一般吸引了各国的君主臣民，所以人们都主动向他敞开了心怀。

千百年来，温、良、恭、俭、让成为我国知识分子传统的性格特征。今天的社会，被称为经济时代、数码时代，那么这种品性是否还有其现实意义呢？

某公司一个重要部门的经理要离职了，董事长决定要找一位德才兼备的人来接替这个位置，但连续来应征的几个人都没有通过董事长的"考试"。

这天，一位30岁的留美博士前来应征，董事长却通知他凌晨3点去自己家考试。这位青年凌晨3点准时去按董事长家的门铃，却未见人来开门，一直到8点钟，董事长才让他进门。

考的题目由董事长口述，董事长问他："你会写字吗？"年轻人说："会。"

恰到好处的做人方式

董事长拿出一张白纸说："请你写一个白饭的'白'字。"

他写完了，却等不到下一题，于是疑惑地问："就这样吗？"

董事长静静地看着他，回答道："对！考完了！"

第二天，董事长在董事会上宣布，该年轻人通过了考试，而且是一项严格的考试。

他说明："一个这么年轻的博士，他的聪明与学问一定不成问题，所以我要考其他更难的。首先，我考他的牺牲精神，我要他牺牲睡眠，半夜3点钟来参加公司的应考，他做到了；我又考他的忍耐力，要他空等5个小时，他也做到了；我又考他的脾气，看他是否能够不发火，他也做到了；最后，我考他谦虚的态度，我只拿5岁小孩都会写的字来考堂堂一个博士，他也肯写。一个人已有了博士学位，又有各种良好的品质，这样德才兼备的人，还有什么好挑剔的呢？因此，我决定任用他。"

有一句话叫做"重剑无锋"。真正有分量的剑不需要锋芒毕露，最美的玉能发出最柔和的光。在当今社会，有些人丝毫不知道收敛自己，自高自大，处处张扬，好象这个世界数他最能、最有本事，其实，这不是个性，而是愚蠢。到头来只能是搬起石头砸自己的脚，自作自受。

为人，应当养成谦虚礼让的美德，这不仅是有修养的表现，也是生存发展的谋略。巧妙地掩饰之所以是赢得赞扬的最佳途径，是因为人们对不了解的事物总抱有好奇心，不要一下子展现你全部的本事，一步一步来才能吸引别人，最终获得辉煌的成功。倘若你志得意满时趾高气扬、目空一切、不可一世，这样不被别人当靶子打才怪呢！所以，无论你有如何出众的才智或高远的志向，都要时刻谨记：心高不可气傲，不要把自己看得太了不起，不要把自己看得太重要，必须审时度势，尽量收敛起锋芒，以免惹火烧身。

陆和李是同一名牌大学的毕业生，他们的成绩都很优秀。两人分配到同一家单位。一年以后，陆提升为部门主管，李则调到公司下属的一家机构，地位明升实降，因为没有任何实权。为什么？

原来，他们分配到该单位后，领导各交给他们一件工作。陆在分析调查之后，提出了若干方案给领导看，又逐条向领导分析利弊，最后向领导请教用哪个方案。这时，领导对他的分析已经很信服，当然采取了他所推荐的那个方案。然后，他又问领导如何具体实施。领导说：你自己放手干吧，年轻人比我们有干劲儿。陆连忙说，自己刚来，一切都不熟悉，还得多听领导的意见。因为陆的态度谦恭，意见又提得到位，领导很满意，当即向几个部门的头头打电话，让他们大力协助陆的工作。因为有了领导的交代，陆在实施自己的方案时又时时注意与各部门人员协调，他的工作完成得又快又好。

李呢，他也做了精心的准备，方案也设计得十分到位，但他一心沉浸在工作的热情中，全然不记得要向领导请示一下。领导是开明的，既然说过让他全权处理，自然也不干涉，但也没有和下面人交代什么。等到李把自己的计划付之于实践时，各部门人员见他是新来的，免不了有些怠慢，李心直口快，与某人顶了起来，这可惹了麻烦，因为这人正是公司总经理的亲信。后果可想而知，他的工作处处受阻，最后计划中途流产。

有人因为害羞而不敢向领导请教，有人因为自傲不愿向领导请教，有人害怕向领导请教会显出自己没水平。其实这些顾虑大可不必，多思勤问的人总是会得到领导的重视，一则，你的提问显出你对工作的热情和思考；二则，你的提问显出你的谦虚和诚恳。如此做事谁会不喜欢呢？

在我们这个讲究个性化的时代，温良、节制等传统美德依然不会失去它的市场。在生活和事业中，我们提倡竞争精神，但不是说你必须时刻摆出一副强人的姿态来。进取是一种内心的力量，如果一开始就表现出你个性里的锋芒来，只能使人敬而远之。再大的事业，都是一点点积累的，我们可以通过对品行的修炼，对社会规范的秉持来培养自己的人格魅力。当周围的人都对你认可的时候，你就拥有了自己的舞台，你的才能就能得到最大的施展。

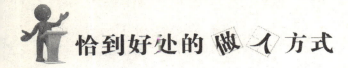

方式 69 不必强求自己表现得尽善尽美

关键词：尽善尽美·失误·真实

适用情景：总要求自己尽善尽美者需学习运用此方式。

一个非常著名的心理学教授做过这样一个试验，他把两段情节类似的访谈录像分别放给他要测试的对象。

第一段录像上接受主持人访谈的是个非常优秀的成功人士，他在自己所从事的领域里取得了很辉煌的成就。在接受主持人采访时，他的态度非常自然，谈吐不俗，表现得非常有自信，没有一点儿羞涩的表情，他的精彩表现不时地赢得台下观众的阵阵掌声。

第二段录像上接受主持人访谈的也是个非常优秀的成功人士，不过他在台上的表现略有些羞涩，在主持人向观众介绍他所取得的成就时，他表现得非常紧张，竟把桌上的咖啡杯碰倒了，咖啡还将主持人的裤子弄湿了。

放完录像之后，教授让大家给自己喜欢的人投票。结果，有90%的人选了打翻了咖啡杯的那位。

这个试验验证了教授的一个理论，就是对于那些取得过突出成就的人来说，一些微小的失误，比如打翻咖啡杯这样的细节，不仅不会影响人们对他的好感，相反，还会让人们从心里感觉到他很真诚，值得信任；而如果一个人表现得完美无缺，人们从外面看不到他的缺点，反而让人觉得有些不真实，恰恰会降低他在别人心目中的信任度。

《红楼梦》里　贾府老祖宗喜欢凤姐儿，因为她除了一贯的聪明和周到之外，有时也和老太太开开玩笑，偶尔还恃宠撒娇。

荣国府到清虚观打醮，凤姐儿约宝钗、宝玉、黛玉等去看戏。宝钗笑道："罢，罢，怪热的，什么没看过的戏！我不去。"凤姐儿道："他们那里凉快，两边又有楼，咱们要去。我头几天先打发人去过，把那些道士都赶出去了，把楼上打扫了，挂起帘子来，一个闲人不许放进庙去才是好呢。我已经回了太太了，你们不去，我自个儿去。这些日子也闷得很了，家里唱动戏，我又不得舒舒服服地看。"贾母听说，就笑道："既这么着，我和你去。"凤姐儿听说笑道："老祖宗也去？敢情好！——可就是我又不得受用了。"贾母道："到明儿我在正面楼上，你们在两边楼上，你也不用到我这边来立规矩，可好不好？"凤姐儿笑道："这就是老祖宗疼我了。"贾母兴致极高，又向宝钗道："你也去逛逛，连你母亲也去，长天老日的，在家里也是睡觉。"

贾府的规矩很多，有长辈在场吃饭，李纨、凤姐儿等年轻媳妇必定要在地下张罗着。凤姐儿爱热闹，今儿个拉开架势要舒舒服服地看一天戏。老祖宗要一同去，如果换了别人，多会恭敬地答一声"是"；或者有人拍老祖宗的马屁，特地把这当成一种荣耀。凤姐儿素来口齿便给，此时偏偏有话直说，把自己的小算盘儿自动抖出来。贾母的兴致倒好，不但给凤姐儿放了假，还邀请薛家母女同去。对老太太来说，当然还是喜欢热情开朗的后辈的，偶尔说说心里话，那么平时的孝顺也就显得并不那么虚伪了。

该说的话不说，容易给人城府深、阴隐的感觉，不会讨人喜欢。在现代社会，这样的事儿也不少见。

孙兴工作能力强，很得老板赏识。

有一次孙兴陪老板吃夜宵。喝茶时老板表示："要成就一番大事业，还得拓展业务，我想开一家大公司，眼前这摊子我想请个经理管理。"说完，老板看了孙兴一眼，向他传递着令人鼓舞的眼神。

因为接收到老板这条信息，孙兴更加注重自己的形象了。在努力把工作做得最好的基础上，多方了解老板的喜好，老板喜欢的事多做，老板讨厌的事尽量少干甚至不做，生怕自己在老板心中的好印象打了折扣。

有一次向老板汇报工作时，刚巧有个客户打电话过来称赞孙兴的策划出

恰到好处的做人方式

色，老板一高兴，又拉他到一家酒店吃饭。上菜时，老板问："要不要饮酒？"孙兴知道老板最讨厌的人是酒鬼，一口就谢绝了："我不饮酒的。"果然，老板赞许地望他一眼后发了一通饮酒坏事的高论。

随后的日子里，老板更是三天两头约孙兴坐坐。交谈中，想让他做经理的说法更加清晰。孙兴也将自己在工作中悟到的管理方法一一亮了出来，说得老板一个劲儿点头称好。

一次，老板带孙兴去陪一个客户，对方是酒场高手，三两下就把老板灌得吐词不清了。这关头，孙兴再也不能沉默了，主动端起了酒杯。

因为孙兴在酒桌上的出色表现，老板又做成功了一笔生意。可那以后不久，老板就开始冷落他了，不再三天两头约他，新公司开业时，宣布的经理名字也不是孙兴。

后来，在孙兴辞职的聚餐会上，老板多喝了两杯，过来拍着他的肩道了心声："你是个人才，也许是我太蠢了，总也看不透，所以不敢用你，就说这饮酒吧，你说不会饮，可饮起来一斤多不醉，深不可测呀。"

如果当初一开始，孙兴要求尽善尽美的心思不那么重，与老板交底，事情也许就是另外一种结局了。

这就说明，越是能干的人，越要小心不能聪明反被聪明误。

方式 70 人不可自视过高，要以谦虚为怀

关键词： 自视过高·高傲自大·谦虚为怀

适用情景： 交际中遇到一些僵持不下的场面时，需运用此方式。

与人交往中，有很多人自认为聪明，总想压过别人，其实这种举动是最拙劣的。自以为是的人会伤害别人的自尊心，逼得别人喘不过气，其结果往往是把事情弄僵。

交际中往往会出现一些僵持不下的场面，说到底，这不过是由于双方都觉得自己说得对做得对，而对对方不满意，并且都不让步，不愿去迎合对方。从一开始就进入对立状态，争得剑拔弩张，分明是像仇人相见分外眼红，哪里还有余地沟通。

一山还比一山高，人不可自视过高，必须懂得谦虚为怀的道理。因为一个人若高傲自大，自然心中狂妄，不屑他人作为，无法接受别人的意见，即使金玉良言也听不进去，真理事实也看不到了。这是自己遮住了眼，捂住了耳。只要是人，总会有弱点的，又怎可骄满自大，而阻碍自己与他人交流、切磋学问的通道呢？骄傲使自己失去了进步的机会，实在是不明智的。

大海因为能容，所以能纳百川。一个谦卑虚心的人，勇于处处向人请教，在课业、学问上自然获益匪浅。同时，由于他的谦敬，自然容易获得他人的友谊，增加自己学习、上进的机会，也练就了更多的才能，陶冶了更好的德性。

有一个汉子，有一天扛着一根长竹竿进城去办事。他兴冲冲地赶到城门口，先把竹竿竖着拿，结果上下两头顶着城墙进不去，想了想又横着拿，左右两边又顶着城门，还是进不去。汉子急了，气喘吁吁、抓耳挠腮地想了老半天，不知如何才能拿着竹竿进城。正在此时，有一位白发银须的老者慢慢踱来，见此状况便热心地对汉子说："鄙人不是圣人，虽然所经历过的事颇不少，像这点小事倒还知道怎么办，我教你怎么办吧，你何不取一把锯将其从中间锯断之后再进城呢？"汉子恍然大悟，笑嘻嘻地借了一把锯"刷刷"就把竹竿给锯断了，对老者左揖右谢，欢欢喜喜地拿着锯断的竹竿进了城门。

这位汉子固然十分愚蠢，只知横拿竖拿竹竿，却不知还可以直着竹竿进城，可是那位老者则更为可笑，虽然自己谦称"非圣人"，但又说"经历的事不少"，显示其见多识广，完全可以教这个蠢材如何拿竹竿进城，可是他教人的却是更愚蠢的办法——"取锯中截而入"，真是让人哭笑不得！

生活中有许多人总以为自己很聪明，博学多才，经验丰富，可以成为别人的老师，而且若不能把自己的经验告诉别人或教诲别人，就觉得浑身不自在，心中颇难受。因为不对人指指点点，自我的"博学"、"经验"又怎么显

恰到好处的 做人 方式

现于人们面前呢？又怎么赢得其他人的赞美和敬佩呢？

一位哲学家说："如果你想树立一个敌人，那很好办，你拼命地超越他、挤压他就行了。但是，如果你想赢得些朋友，必须得做出点小小的牺牲——那就是让朋友超越你，跑在你的前面。"其实这个道理很简单，每个人心中都有一种想当重要人物的愿望，一旦别人帮助他实现了或让他体验了这种感觉，他当然会对这个人感激不尽。当别人超过我们、优于我们时，可以给他一种超越感。但是当我们凌驾于他们之上时，他们内心便感到愤愤不平，有的产生自卑，有的却嫉恨在心。

所以，不要总和别人比聪明，虚心一些，经常听听别人的意见，得到对方的肯定，这才是最聪明的做法。毕竟能影响对方的是朋友而非敌人。

第十一章

恰到好处地交往

与人交往要以诚相待，但不可过于亲密

　　什么是最真正的友谊？友谊是一个人需要的，友谊是一个人必需的，友谊是一个人向往的，友谊是一个人在人的一生中不可缺少的。我们都渴望友谊，我们都珍视友谊，我们需要真诚、真心的朋友。有朋友的人生是幸福的人生。

方式 71 与人交往应当心贴心，但切忌"零距离"

关键词：零距离·距离适当·相处原则

适用情景：与人交往不知该如何把握好尺度时，可运用此方式。

任何事物都具有两重性。比如好与坏、亲与疏等都是辩证统一的关系，而且在一定条件下可以互相转化。与人相处也是这样，接触太少，关系会逐渐疏远，而过于亲密，可能会多添一些不必要的是非。

你只要稍加留意，便不难发现诸如此类的现象：某两个人以前亲密无间，不分彼此。可是，没过多久却翻脸为敌，不仅互不来往，而且反目成仇。何以至此？西方有一种"刺猬理论"对此可作诠释。"刺猬理论"说：刺猬浑身长满针状的刺，天一冷，它们就会彼此靠拢，凑在一块。但仔细观察后发现它们之间却始终保持着一定的距离。原来，距离太近，它们身上的刺就会刺伤对方；距离太远，它们又会感到寒冷。只有若即若离，距离适当，才能既保持理想的温度，又不伤害对方。

在现实生活中，这种"亲则疏"的现象是较为普遍的，这大概也可算做一条交际规律。古人曾告诫说："亲善防谗。"也就是说，要想结交一个人不必急着跟他亲近，以免引起坏人的嫉妒而在背后诬蔑诽谤。因为，一旦显出与人交往而过分亲密，小人就可能由于被冷落而忌恨生出挑拨的念头，就会从中"离间"，使彼此生疑，此其一。实践表明，越是与人亲近，被伤害的程度就越大，由此产生的怨恨就越深，历史上兄弟相残、父子交兵的事件屡见不鲜。可见，嫉恨、猜忌的心理，骨肉至亲之间比陌生人之间显得更加厉害，此其二。

姜山与常斌是一对好朋友，他们大学时就是睡在上下铺的兄弟，难得的是毕业后又应聘到同一家公司上班。两个人都是单身，一合计，就一起在公

恰到好处的做人方式

司附近租了个两居室住，既省钱，又互相有个照应。

刚开始时，两人都过得舒服快乐，感觉比当年的大学宿舍自由多了。可时间一久，平日不留心的一些问题就出来了。姜山是个细心的人，平日非常节俭，他有一个小本子，每个月的收入与支出都记得清清楚楚。常斌却是个马马虎虎的人，自己的日用品用光了，看到房间里还有，抓过来就用，过后也常常忘记补上一份。有一次常斌因有急用，借了姜山 200 元钱，到了发薪水的日子，却像没事儿人一样。姜山提又不好意思，不提又不甘心，弄得十分郁闷。

这些生活的小节倒也罢了，更让姜山受不了的是，常斌自恃老同学、老朋友身份，对姜山说话毫无顾忌。不管有没有其他人在场，诸如"你效率也太差了！""这样想思路有问题"之类的话常常脱口而出。在常斌看来，因为两人关系好，所以不必讲那么多虚礼，有事儿尽管直言；但在姜山心里，这却是对自己的贬低和不信任，是无论如何也不可忍受的。

一年之后，姜山在别处找个房子搬走了。在单位与常斌相遇时，也只淡淡地打个招呼，就是在工作上，也尽量避免与他合作。

做人应当心贴心，但切忌"零距离"。距离太近，就会刺伤对方。一般来讲，人与人密切相处当然不是一件坏事，否则怎么会有"亲密的战友"、"亲密的伙伴"、"如胶似漆的好朋友"等誉词呢？但任何事情都不能过分，过分就会走向极端。俗话说，"先热后冷，人走茶凉"，就是这个道理。其实，有时做人要"不近不远"才最好！

凡事不能超"度"，做任何事情走向极端就等于走到反面。那么，我们应当如何把握与朋友交往的分寸，做到既不过分亲密，又不过分疏远呢？

人是社会的动物，与人交往是我们生活和心理的需要，我们要交朋友，但不能忘记了"君子之交淡如水"的老话。为了避免过分亲密而带来的危机，就必须在心理上保持一定的距离，在经济上保持相对独立，在行动上不形影相随，要把握"刺猬理论"中的适度相处原则，保持一种"若即若离"的状态。这样就可避免产生乐极生悲、恩将仇报的交际悲剧和由于友情破灭而导致嫉恨和愤懑。

方式 72 不要总想着占便宜，而是要乐于吃亏

关键词：占便宜·乐于吃亏·唯利是图

适用情景：那些见好处就捞、遇便宜就占的人需学习运用此方式。

"吃亏"也许是指物质上的损失，但是一个人的幸福与否却往往取决于他的心境。如果我们用外在的东西换来了心灵上的平和，换来了宝贵的友谊，那无疑是获得了人生的幸福，这便是值得的。

世界上没有便宜是让人白占的，爱占便宜者迟早要付出代价。有的人见好处就捞，遇便宜就占，即使是蝇头小利，见了也眼红心跳、志在必得。这种人每占一分便宜，便失一分人格；每捞一分好处，便掉一分尊严。同样，天底下的亏也不是白吃的。从某种意义上说，乐于吃亏是一种境界，是一种自律和大度，是一种人格上的升华。在物质利益上不是锱铢必较而是宽宏大量，在名誉地位面前不是先声夺人而是先人后己，在人际交往中不是唯我独尊而是尊重他人、抬举他人。如果一个人以吃亏为荣为乐，一定会获得人们的尊重、赢得好人缘。

我们可以争取利益，却不能唯利是图。那种总是以自我为中心考虑问题的方法，最终算来算去会算计了自己。

清朝末年，官宦子弟王有龄谋得一个湖州知府的位子，可谓春风得意。

晚清之时，吏制昏暗，红包回扣、孝敬贿赂乃是公然为之，蔚然成风。冬天有"炭敬"，夏天有"冰敬"，一年间春节、端午和中秋三节还有额外收入，称为"节敬"。浙江省本来就是江南膏腴之地，而湖州府更是富足，各种孝敬自然不在少数。王有龄4月下旬获派为湖州知府，左右手下各路聪明才智之士无不劝他赶快上路，赶在5月1日交接，如此一来，刚上任就能大捞"节敬"。

恰到好处的做人方式

王有龄就此询问他的一个朋友，朋友却劝他等到端午节之后再走马上任。

这里面原因何在？王有龄不是湖州第一任知府，在他之前还有前任，别人在湖州知府衙门混了那么久，就指望着端午节敬。王有龄名正言顺可以抢在头里接事，抢前任的节敬。可是，这么一来，无形之中就和前任结下梁子，眼前当然没事，但保不准什么时候就会发作。要是将来在要命关键时刻发作，墙倒众人推，落井下石，那可就划不来了。

在什么年代里，私心都是人类最普遍的弱点。这不要紧，要紧的是别为一些蝇头小利毁了自己的大好前程。"钱不常花人常在"，若因一时私心发作弄坏了长久的关系，才真正是得不偿失。

我们常说，会生活的人，或者说成功的人，最懂得的就是"舍得"。"舍得"几乎囊括了人生所有的真知妙理，只要我们能真正把握舍得的尺度，便掌握了人生成功的钥匙。善于变通的人懂得，在一定条件下吃亏是福，为了将来不吃大亏 吃点小亏是必要的，而且，会吃亏的人才会成功。

俗话说，"吃亏人常在。"人生在世不可能不吃亏，世上难有完全公平之事，有便宜就有亏，总想讨便宜不可能，吃亏与不吃亏是相对的，有失必有得，有得总有失。

岛村芳雄是日本东京岛村产业公司的董事长，他原先是在一家包装材料厂当店员，后来改行做麻绳生意，就是他在做麻绳生意时，创造出了商界著名的"原价销售术"。

岛村的原价销售术很简单，首先他以 5 角钱的价格到麻绳厂大量购进 45 厘米的麻绳，然后按原价卖给东京一带的工厂。完全无利的生意做了一年后，岛村开始按部就班地采取行动，他拿购货收据前去订货客户处投诉说："到现在为止，我是一毛钱也没有赚你们的。但是，若这样让我继续为你们服务的话，我便只有破产一条路可走了。"这样与客户交涉的结果，是客户为他的诚实所感动，甘愿把交货价格提高到 5 角 5 分。同时，岛村又到麻绳厂商洽："你们卖给我一条 5 角钱，我一直是原价卖给别人，因此才得到现在这么多的订货。如果这赔本的生意让我继续做下去，我只有关门倒闭了。"厂方一看他开给客户的收据存根，大吃一惊。这样甘愿不赚钱的生意人，麻绳厂还是第一次遇到，于是毫不犹豫地一口答应他一条算 4 角 5 分。

如此一来，以他当时一天 1000 条麻绳的交货量计算，他一天的利润就是 100 万日元。创业两年后，他就成为誉满日本的生意人。岛村的成功，不能不说是他巧用了敢于让自己吃亏的"原价销售术"。

在某些"聪明"人看来，"原价销售"无利可图，是一种糊涂行为；而目光远大、善于从长远利益考虑问题、不计较一时的赔赚恰恰是精明人所特有的赚钱风格。要想做大生意发大财就要懂得"欲取先予"的道理。德国的"铁血宰相"俾斯麦说过："当我放下诱饵来引诱鹿群，我就不会射杀第一个走过来的母鹿，而是等到一群鹿都围拢过来之后。"中国的古人说过："将欲取之，必先予之。"不劳而获或者不付出只索取的事情是办不到的，即使短期取得成功，也不会长久。

在人际交往中，如果人们能舍弃某些蝇头微利，也将有助于塑造良好的自我形象，获得他人的好感，为自己赢得友谊和影响力。遇事不要与人斤斤计较，应该把便宜、方便让给他人，这样你与他人之间的矛盾就会减少，人际关系就会融洽，这才是君子风范、大人的处世之道。吃亏是福，吃小亏占大便宜。但是吃亏也是有技巧的，会吃亏的人，亏吃在明处，便宜占在暗处，让人被占了便宜还感激不尽，这也是做人的智慧。

"吃亏是福"不是简单的阿 Q 精神，而是福祸相依的生活辩证法，是一种深刻的人生哲学。相信"吃亏是福"，可以使心胸变得宽阔，心态更加乐观、积极，而且当自己遇到困难时，也能得到更多人的真心帮助。

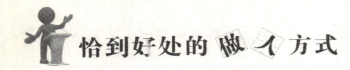

方式 73 在利益面前不要斤斤计较

关键词 机关算尽·斤斤计较·唯利是图

适用情景: 机关算尽、唯利是图的人需学习运用此方式。

商业社会是一个充满巨大压力与竞争的社会,但是如果你以为只有机关算尽、唯利是图的人在其中才能如鱼得水,恰恰是对商业竞争的误解。人是群居的动物,人与人关系的运用,对事业的影响很大。如果一心只往自己口袋里塞钱,运不了多久就会失去人心,被淘汰出局。

人都是注重实惠的,有了实惠就会感觉踏实、受用。玩虚的人之所以让人恼火,就是因为他老是拿些看不见的东西炫耀,虚构一些不可能的事,让人觉得恐慌。而有了实惠人就很踏实,因为看得见的东西让人凸显自身的存在。

蒋丰和崔卫平合作做生意,崔卫平因为自己有其他领域的事业,无暇分身照看他们合作经营的项目。所以,虽然是合伙经营,但实际上只有蒋丰一个人独自支撑。尽管蒋丰每周在向崔卫平汇报工作状况时,把他们所投资的项目讲得如何具有深厚的潜力和广阔的前景,崔卫平也不敢把太多的资金注入这个项目。因为他们合作了半年多,崔卫平每月都向里面注入资金,但是一次也没有见到账面上有足够令人信服的盈余利润。又过了 3 个月,崔卫平听从了家人的劝告,决定中止这个项目,抽回全部投入的资金。没有了崔卫平的投资,蒋丰的项目逐渐走向了破产,在他眼中的所谓巨大潜力和广阔前景,变成了镜中花水中月,无法实现。

蒋丰的最大错误是没有让崔卫平看到利益,所以,那些千言万语犹如一纸空文,最终起不到任何实际效力。

在商业社会中，人们眼睛紧盯着的是实际的利益。正所谓"不见兔子不撒鹰"，如果没有实际的利益，谁都不愿意浪费自己的精力和资本。相反，一个人要想借用别人的力量为自己的事业服务，就必须摆出切实的利益来吸引别人的注意力，并通过利益来调动别人的积极性，帮助自己成就一番事业。以利益驱动他人帮助自己，这是一种高明的做事手段。

没有人不关心自己的利益，只有获得更多的利益，才能拓展自己的生存空间。所以说，我们要用实际行动，拿出真正的利益调动别人的积极性，这样做远远胜过千言万语的分析和讲述。

如果有人只关心自己的利益，把从别人口袋里掏钱当成天经地义的事，他的事业必不长久。

梁先生经营一家出版社，朋友介绍一家印刷厂给他，梁先生因为初入此行，印刷厂没有熟悉的，因此就和那位姓陈的印刷厂老板合作。

为了减少联系上的麻烦，梁先生把印刷、订纸、分色、制版、装订所有工作都交给陈先生包办。

事实上，陈先生的印刷厂只有印刷一项业务，其余部分都要转包出去。当然，陈先生也不会做无用功，转手之间，他还是赚了两成左右的差价。

几年过后，梁先生才发现他因为怕麻烦而多花了很多钱，同时也因为出版社的经营已步入轨道，人员也增加了，于是把给陈老板的业务，除了印刷之外，全部收回自行安排。

谁知陈老板勃然大怒，说梁先生没有"道义"。梁先生向朋友抱怨："要给谁做是我的权利，难道我这样子做错了吗？"后来他就不再和陈老板合作了。

陈老板赚取转手的差价虽然合情合理，但梁先生停止和他某部分的合作却与"道义"无涉，买卖本来就是"合则来，不合则去"！问题是陈老板把转手的差价当成"理所当然"的利益，梁先生不再和他合作，他因此而产生利益被剥夺感，本来可赚一万，现在只剩下5000，心里无法适应这种失落，于是便起反弹了。

站在梁先生的立场，大可不必太勉强自己。倒是陈老板应自我反省——

恰到好处的做人方式

赚取外包部分的差价是"多出来"的，印刷方面的利润才是他"理所应得"的，面对梁先生的新决定，他应感谢梁先生，并表示愿意继续提供更好的服务才是。结果他不做此想，反而以诋毁来响应梁先生的动作，导致连印刷的生意也飞了。

梁先生和陈老板二人"翻脸"是一种遗憾，但做生意事关企业生命，该"翻脸"还是要"翻脸"，你不"翻脸"别人还笑你傻瓜！

著名的社会心理学家霍曼斯提出，人际交往在本质上是一个社会交换的过程。长期以来，人们最忌讳将人际交往和交换联系起来，认为一谈交换就很庸俗，或者亵渎了人与人之间真挚的感情。这种想法大可不必有。

譬如说，某人若与你非亲非友又有数面之缘，他是否和你有关系，还真有些说不清，连你自己都回答不出来。但这一切并无碍，你们交往的行为将替你作答，引领你摸着石头过河，一边交往一边确认。确认的标准就是人情授受，即大家一有无互相委托办事，二有无办事后的酬谢。人在，人情在；人情在，关系在。人情是关系的孪生同胞，没有人情便不是关系，没有关系便没有人情；新朋友初识，彼此接受人情等于认同关系，不接受人情等于不认同关系。

甲帮乙办事，乙还甲人情。这一来一去，遂成"关系"。

我们应当从认识上跟上去，把利益当成人与人之间互动的纽带，在交换与分享中做大自己的事业。

方式 74 不要排斥三教九流的人，要和他做朋友

关键词：三教九流·偏见·关系网

适用情景：交友时心存偏见、对三教九流的人有排斥心理时，需学习运用此方式。

一个人成功的关系网，应该是各个层次、各个界面的人的交叉，是与我们生活息息相关的各界人士，随时能为我们提供便利的人。有了这些人的存在，关系网才算更合理、更完美。

为了达到这种境地，我们交朋友就不能心存偏见，三教九流的人物都要应酬好了。

《红楼梦》里，贾芸是玉堂金马的贾家旁枝的人物。幼年丧父，唯有的一点家产又被舅舅卜世仁哄了去，只与寡母相依过活。长大后出落得身材颀长、斯文清秀，若有银子栽培着，也是翩翩浊世佳公子。如今无祖上的荫蔽，少不得要自己挽起衣袖来讨生活。

此时荣国府里是凤姐儿管家，贾芸就想求她弄件事情管管，也算给自己找个营生。

贾芸的主意倒是不差的，可惜手中没钱给凤姐儿送礼，还是办不了事。到开香料铺子的舅舅家赊贷不着，心中无限烦恼。正低头走着，不料一头碰到一个醉汉身上，被他拉住骂道："你瞎了眼，碰起我来了。"贾芸一看正是邻居倪二，他本是个泼皮，专放高利贷，在赌博场中帮闲，又爱喝酒打架。于是忙道："老二住手，是我冲撞了你。"倪二见是熟人便罢了，两人相谈几句，贾芸便把到舅舅卜世仁家借贷不着的事告诉了倪二。倪二听了大怒，定要把包里的银子借给贾芸。贾芸心下思量："倪二素日虽然泼皮，却因人而施，颇有义侠之名。若今日不领他的情，怕他恼怒，反而不美，不如用了他

恰到好处的做人方式

的，改日加倍还他就是了。"因而笑道："老二，你果然是个好汉，既蒙高义，怎敢不领，回家就照例写了文约送过来。"谁知倪二竟连文约都不要就走了。

就是这十几两银子，帮了贾芸的大忙。

人在江湖，三教九流的人物都不能忽略。像贾芸，既已落魄了，不如就索性扔了"诗礼世族"的招牌，与身边的市井人物混得人人脸熟。像倪二这样的泼皮，颇似今日的街市闲人，好起来，人敬我一尺我敬人一丈；惹恼了，拼得鱼死网破也与你纠缠到底。人们常说宁得罪君子不得罪小人，原因也就在此。贾芸把自己的难事、丑事一古脑儿抖给倪二，一则显示亲近，二则表示把他当成人物看待。至于对倪二的大力相助，本属意外之想，但他既已说了，再推托倒有可能旁生枝节。

许多人交朋友，只与"合得来"的人交往，这就有些偏颇了。

社会上，人与人之间的利益关系非常浓厚，人际交往也不可避免地成为整个社会利益链条中的一环，以功利为取向的交往地位提高了，这个时候，还抱着一副书呆子气，自以为清高有境界，结果只能是离群索居，被人孤立，处处吃亏。

所以，以"合得来"与否作为人际交往的唯一标准实在是一种偏误，正确的做法是：既要交合得来的朋友，也要能交合不来的朋友。人类社会是一个人们因相互需要而结成的共同体，因此，人与人之间互有利益上的需求是再正常不过的事情了。通过互利互惠、互通有无、取长补短、相互合作式的人际交往，我们可以办成一个人通常难以办成的事，不断地壮大自己的实力，从而为自己远大人生目标的实现奠定坚实的基础。

有些人也明白通过哪些交往能给自己带来哪些利益，但他们就是做不到。与合不来的人交往，他们会感到心理负担很重，情感上受不了，又不能得体地掩饰和控制自己的这种不适，结果感到自己很累，很受压抑，远不如独来独往那般轻松自在，而跟他在一起的人会感到尴尬。他们这些人最典型的一种心理就是，"跟你合不来，还要敷衍你，真是受不了"。

这样做的后果就是，你融不到别人的利益圈子里去。因此，困难时也不会有人站出来维护你的利益。

不管你愿不愿意，事实上，身边的每一个人都是你的"人际资产"。当然，让所有的人都成为你的"正资产"可能成本太高，得不偿失，但是，你千万不能让他们成为你的"负资产"。如果是"负资产"，那么他们对你来说，是成事不足，败事有余，在无形之中会加大你成长的成本。所有的成功者，他们往往有很深厚的人际资源，他们大多是通过互相扶持而取得成功的，他们的格言是：你搀了我一下，我也会扶你一把。

方式 75 与人交往应当只想付出，不计回报

关键词：广结善缘·为人处世·付出

适用情景：与人交往时，有"人不为己，天诛地灭"这种心理的人，需学习运用此方式。

古人有一句话，叫做"人不为己，天诛地灭。"这里所表现的是人的本性，而不是精妙的为人处世的原则。真正成功的为人处世的原则应该是尽可能地为对方着想。

胡雪岩之所以能够广结善缘，拥有许多可以生死相托的朋友，一个重要的原因就是他在为人处世时总是为别人着想。用他自己的话来说就是"前半夜想想自己，后半夜想想别人"。

王有龄当上浙江海运局"总办"后，遇到了一件棘手的事：海运局负责将朝廷每年征收的粮食运往北京，原先这些粮食主要是靠漕帮经运河运达，但由于运河年久失修，加上干旱，沿路漕运不畅，粮食久运不出，朝廷已经开始严词催逼。如果王有龄完成不了这个任务，后果可想而知。

胡雪岩想到了一个办法：到上海就地买米，然后运到北京。王有龄甚为

恰到好处的做人方式

高兴，于是由胡雪岩出面，带了 20 万两银子，然后和张胖子等人向上海进发。打听到上海松江漕帮的通裕米行有十几万石大米刚好够数后，胡雪岩和张胖子来到松江漕帮总部。胡雪岩先打通松江漕帮当家人尤五的师父魏老爷子的关系，说予通裕的这批米先借垫给海运局，到时仍旧归还。因为米价看涨，现在卖了艮不划算。

但是尤五却有很多难处：帮里的亏空票填补倒在其次，眼看漕米一改海运，漕帮的处竟异常艰苦，无漕可运，收入大减，要设法维持帮里弟兄的生计，到处活动打点托情想办法，哪里不需要大把的银子花出去，这一切都全靠卖了这十几万石的粮米来应付。如今垫给了海运局，虽然有些差额，但将来收回的仍旧是米，与自己这方面脱价求现的宗旨完全不符。

胡雪岩察言观色，知道尤五有难处，便诚恳地说："五哥，既然是一家人，无话不谈，如果你那里有难处，不妨实说，大家商量。你们的难处就是我们的难处。我们不能只顾自己，不顾人家。"

尤五便感激地说道："爷叔！您老人家真是体谅！不过老头子已经有话交代，您就不必操心了。今天头一次见面，还有张老板在这里，先请宽饮一杯，明天我们遵照吩咐就是了。"

但胡雪岩却不想这么做，他很认真地说："话不能这么说！不然于心不安，五哥！我再兑一句，这件事只有你们这方面能做才行，如果勉强，我们宁愿想别的办法。江湖上走，不能做伤害好朋友的事情。"

尤五沉吟了一会儿，终于讲出了自己的难处。听后，胡雪岩立即和张胖子商量，请信和钱庄放一笔款子给漕帮，以帮助他们解决眼前的困难，将来卖掉了米再还。张胖子很爽快地答应贷款 10 万两银子，尤五这才一块石头落了地，同时也更佩服胡雪岩的为人。胡雪岩人情练达、处世周到，善于为他人着想，帮人帮到实处，一下子就赢得了对方的信任与尊敬。

总要为朋友着想，这是生意人在与人交往时应放在首位的原则。一个人要想有大的作为，就应该有一种站在别人的立场上想问题的习惯，要设身处地地想一想对方的利害得失与困难，再作出自己的决策，使自己的决定不仅有利于自己，同时也避免损害对方的利益，使对方容易接受，从而乐于与你共事。

多为对方着想，才能赢得别人的信任，赢得别人的尊重，赢得别人的真诚与友谊，并为自己树立良好的形象，为我们的生意发展赢得良机。

方式76 看清对方"真面目"后再与其交往

关键词：判断·不良企图·欺骗

适用情景：当想与对方交友，而又不了解对方时，需运用此方式。

你的周围也许有很多朋友，他们与你有亲有疏，有近有远，你是否了解他们的真心？

有一个朋友向你借一笔钱应急，你倾囊而出，因为相信友情的真挚，你没有让对方给你打欠条。不久以后，你因为某种原因需要一部分资金，因而前去索要对方的欠款，而你也相信对方已经有了偿还能力，但令你气愤和吃惊的是，对方矢口否认曾经借过你的钱。面对这种情况，你对你的朋友有何感想？

或者是这样的一番情景：你和一个朋友都是销售同一产品的销售员，不同的是，你为甲厂服务，而你的朋友却为乙厂服务。某一天，你和朋友同时获悉某大企业急需大量你们所推销的这种产品，于是你们同时前往该企业进行洽谈，为了友情，你们相约对方的订货量每人分一半，也好向自己的企业有个交代，反正一半的数量也非常大。通过洽谈，该企业觉得你们所推销的产品都符合要求，而且同意了你们一人分一半订货量的建议，三方协商于某时签订正式供货合同。届时，你如约而至，但该企业却说早已与人签订了合同，而供货方正是你的朋友所代表的企业。

恰到好处的做人方式

我们希望友情能够永久，能够愈经患难愈显真诚，但是友情仍然经常遭到无情的践踏和破坏。是我们的友情不值得珍视吗？不！是实际利益让那些人丧失了良知。社会中的人越来越复杂，而我们也要努力使自己能够适应这种变化。我们会无比怀念困厄之中朋友伸过来的坚实的手臂，也同样不会忘记自己付出的真挚友情被某些人无情地遗弃，甚至加以利用。我们珍视真正的友情，同时也要有效地防止某些人对友谊的不良企图、利用或者欺骗。

那么，我们怎样才能做到这一点？不要忘了我们的忠告和提议："害人之心不可有，防人之心不可无"。对那些在你身边的朋友，你要充分了解他们的内心，特别要看清以朋友的名义随时准备利用、加害你的人，洞悉他的意图，才能不为'朋友'所伤。

如果你一时无法确定一个人是敌还是友，而对方又一直将自己的感情掩藏得非常好，那么就给对方充分的时间和空间表现自己。时间是判断一个人对你的感情真假的最好凭证。不管对方多么擅长伪装，多么擅长掩饰自己的感情，他（她）也会有失误的时候。对方的失误，是你最好的契机，抓住了，对方便会渐露端倪，并最终露出狐狸尾巴；如果你无法抓住，或者你一直在寻求与对方共同表演的机会，那么你不但无法看到对方的感情，反而会变成对方眼中的透明物。

如果你足够细心，你就能从别人对你说话的态度上判断出他的真心，从而能够将人群加以区分。记住，如果你足够老练，如果你细心体会，不管对方多高明，你都会有制敌之术，从而免受伤害。

如果我们能够很好地修炼自己，提高自己的洞察力，那么就能更好地看透对方的心灵，寻找到自己真正的、能够肝胆相照、患难与共的朋友。

虽然说每个人都有自己的长处，交朋友可以吸收别人的长处，但这些话都是相对的，而非绝对。因为每个人都有自己的缺点和不足之处，有些缺点是可以原谅和宽容的，但有些缺点是不可原谅的。当你周围的朋友有着一些不可原谅的缺点时，与他们交往，还得多加提防。

1. 酒肉朋友

现在有些人喜欢交酒肉朋友。我们周围有些人乍看有很多朋友，其实都是一些酒肉朋友，整天吃吃喝喝，一旦真的需要他们帮忙了，却都跑得无影无踪了，因此酒肉朋友是靠不住的。

酒肉朋友是贪利之人，处处贪小便宜。他们以钱财论亲疏，如果说得严重一点，是"有奶便是娘"的卑贱小人。他们交朋友图的是"利"，有利可图则与你亲近，无利可图则与你疏远。酒肉朋友不长久，有还不如没有。交一百个酒肉朋友还不如交一位志趣相投的知己。

2. 两面三刀的朋友

俗话说："人心隔肚皮。"有些人居心不良，当面一套，背后一套，对这样的人应慎而又慎，更谈不上与之结交为朋友了。

至于某人是不是两面派，如果没有先见之明，在短时间内是很难分辨的。这样的人当面说的都是一些忠贞不二的话，表现出的是忠诚老实相，其实是用心险恶、图谋不轨。

具有两面派性质的人善于搬弄是非，在你面前说别人的坏话，在别人面前说你的坏话，不闹出矛盾决不罢休。因此两面派不可交，不然你就会吃大亏。

3. 太注重个人利益的朋友

世界上不可能有完全不为自己打算的人，这是每个人所共知的生活常识。但一个明事理、有道德的人，不可能只想到自己，不顾脸面地为自己谋私利。那些只考虑自己的人，只想到个人利益的人，最易伤害的不是跟他生疏的人，而是和他比较熟悉、比较亲近的人。因为和生疏的人本来就没有来往，他想跟人家计较是没有条件、没有基础的；而熟悉的人、亲近的人和他有较多的接触、较多的交往。在接触和交往中，他们为了个人利益，处心积虑、想方设法占熟人的便宜。为了一点蝇头小利，他们甚至不惜背叛亲友。这样的人，如果把他当做朋友，便会吃亏上当，给自己带来麻烦。

4. 鸡蛋旦挑骨头的朋友

这种人的特点是看什么都不顺眼，看什么都不如意，看别人不是这里有问题就是那里有毛病，他们能在最完美的东西中发现不完美，他们能在没有问题的地方找出问题，他们能在让人尊敬的人身上发现不能让他满意的蛛丝马迹。他们表面看来和你关系好像不错，但是只要一转身，他们马上便会伤害你。

5. 忘恩负义的朋友

滴水之恩，当涌泉相报，这是做人的基本常识。如果与知恩不报、忘恩负义的人为友，就等于是自掘坟墓。例如有人收养了一个孤儿，花了几十年心血，孤儿上了大学，找到了很好的工作。收养者年老重病在身，看病住院耗尽家资，便让自己的孩子到孤儿处借钱，这个忘恩负义的人知道老人的病无法看好，只给了恩人的孩子500元钱，并对恩人的孩子说："今后不要再来找我!"这样的人，敢和他交往吗？

你不一定要有很多朋友，但一定要有真正的朋友。将那些别有所图的人挑出来，远离他们，把这类人当做朋友，只会深受其害。如果不能避免与之交往，平时就要多加提防，以免受害。

第十二章

恰到好处地攀附

结交贵人以诚相待,切忌溜须拍马

人活着,要往上走。结交贵人,借力升腾,本来也无可厚非,只是在这个过程中,我们必须坚持以诚待人,善始善终。那种"溜须拍马,媚态十足"的嘴脸,"用人朝前,不用人向后"的小人作风,是做人的大忌。而且,此等不顾廉耻、易反易覆之人,最终也会落入大家的视线里,从此人人侧目。

方式 77 用实力说话

关键词:权力·竞争

适用情景:在权力角逐竞赛中,可运用此方式。

对于我们大多数人来说,正式步入社会之后,就要隶属于某一个组织。得到领导的赏识,获得升迁,巩固自己在组织中的地位,就成了我们的重要任务之一。因此,竞争就在所难免,组织内部就会随时上演一幕幕的权力角逐竞赛,有人上台,有人下台。

有很多人热衷于权力的斗争,并且对这类游戏乐此不疲。一旦被实力强劲的派系所接受,就觉得身价陡增,仿佛大好前程随时都在向自己招手。是的,有时候派系的力量也可能给我们带来一些实惠,但是如果沉溺其中,忽略了对自身实力的磨炼,结果往往不那么美妙。因为派系斗争的输赢是不确定的,它们之间的力量此消彼长,在这种变化中,小人物最容易成为牺牲品。即使你依靠的是一棵枝繁叶茂的大树,也不一定能带给你长久的阴凉。

富平侯张放是汉成帝的姑表兄弟,又娶了成帝皇后许氏的妹妹,婚配之事由成帝亲自主持,赐以甲等的宅第,特许使用皇家的车马服饰,时人称之为天子娶妇,皇后嫁女。成婚之日,朝中所有官员都亲临庆贺,皇宫的使者往来络绎不绝,赏赐钱财数以万计。

张放与汉成帝经常是同起同卧,形影不离,有时汉成帝微服外出,若遇到巡街的巡卒盘查,汉成帝便自称是富平侯的家人,张放变成了皇帝的主人,其炙手可热之势无与伦比,此时,那些势力眼的大臣,哪个不来巴结,不来献媚。

这一来却遭到了皇太后王政君家族的不满,太后的几个兄弟俱被封侯,子侄布满朝廷,是一个十分显赫的大家族,他们不能容忍张放的权势超过自

恰到好处的做人方式

己，便向皇太后告了状。皇太后十分生气地说："皇帝淫乐不知节制，又瘦又黑，成了什么样子？富平侯张放还引导皇帝为非作歹，这样的人怎么还能留在朝廷里"

皇太后发了话，汉成帝只好从命，将张放贬出朝廷，到遥远的边境去担任一个小小的都尉之职。那些惯于见风使舵的大臣们如丞相薛宣、御史大夫翟方进等，一看张放失了势，便趁机落井下石，纷纷举奏了张放种种不法的情形，什么骄纵淫奢、抗拒朝命，什么纵奴行凶、滥杀无辜等等。张放一下子就陷入了万劫不复的境地。

世事变幻无常，强与弱、输与赢，有时候并不在我们的控制之内。要想在人生的舞台上处于不败之地，只有运用好自己手里的武器才是可靠的。

在很多人眼里，都觉得张敏的运气特别好，她进入公司后短短的两年时间里，就在这个行业里做得有声有色，每一次调动都令人刮目相看。

只有她自己清楚，机会是怎么得来的。进这家大公司的时候，她先被分到人事部，做一个并不起眼的文员。

那个部门，能言善道、八面玲珑的女孩子和深谙权术、惯于钻营的男人比比皆是。她不惹是非，只是认真地履行自己的职责，不过偶尔露露峥嵘，比如发现了别人输错了数据，她悄悄地就修正了，并不大肆渲染；领导让她做什么，她就竭尽所能，总是在第一时间做到让人无可挑剔。当别人扎堆抱怨工作百无聊赖、老板苛刻、地铁太挤时，她却在悄悄地熟悉公司的其他部门、产品以及主要客户的情况。

有一次营销部经理偶尔经过她的办公室，看到她处理一件小事情时表现出的得体和分寸感，就打报告要求她去顶他们部门的一个空缺。

营销部令她的世界骤然广阔起来。同原先一样，她的特色就是默默地努力。半年后，她的几分扎实的调查分析报告为公司创造了不小的业绩，为她在这个行业里赢得一些声誉。一年后，她已经是营销部公认的举足轻重的人物了。

在我们人生的航道里，派系是风，顺风时，它可以助你一臂之力，让你更快一些到达自己的目的地。可惜的是，天有不测风云，世上也没有一直都顺风顺水的幸运儿，如果一朝树倒猢狲散，最先受害的就是那些没有根基的小人物。自身有实力的就不同了，可以说实力就是我们的船桨，而一个人划船的本领是不会辜负他的。即使遇到的是逆风，我们也可以凭自己的本领一步步向前，最终进入一个风平浪静的港湾里。

方式 78 不可"当面一盆火，背后一把刀"

关键词：薄情·表里不一·口是心非

适用情景：口是心非、表里不一的人需学习运用此方式。

在中国人的传统里，"巧言令色"的作风一向没有什么市场。古代圣贤们提倡人们正直、坦率、诚实，不要口是心非、表里不一。

做到这些不容易，但是无论如何，我们在做人处世的过程中，变脸也不能变得太快了。

唐朝韩愈是后人比较熟悉的文学大家，他20岁左右开始参加科举，一连3次均名落孙山，直到第四次才算考中，这时他已经30岁了。根据当时的科举制度，考中进士还不能授官，还需经过吏部的考试。于是韩愈又考，不料又是一连3次的失败。

"千里马常有，而伯乐不常有"，不自己找门路是不行了。伯乐首先应该有提携后进的资历，韩愈两个月内向3位宰相上书3次，但是并没有得到他们的青睐。于是韩愈退而求其次，向京城之外的大人物寻找荫庇，他先后投奔了两位节度使，但时运不济，两位封疆大吏下世过早，韩愈又只好重找靠山。

转了一圈，韩愈于是又回到京城，病急乱投医，这一回他选中了京兆尹李实。按照文人的老办法，韩愈先给李实写了封信。他说：我来到京师已经15年了，所见的公卿大臣不可胜数，他们都不过是些不求有功、但求无过的平庸之辈，还从没有见到一个像您这样忠心耿耿地效忠皇上、忧国如家的人。

恰到好处的做人方式

今年天气大旱，100多天没有下雨，种子下不了地，田野寸草不生，可是，盗贼不起，谷价不涨，京城百姓，家家户户都感受到了您的关怀。而那些以前喜欢为非作歹的奸佞之辈，也都销声匿迹了。如果不是您亲自处理镇服，宣传天子的恩德，怎么能有这种安定团结的局面呢？我从青少年时代便读圣贤之书，颂圣贤之事，凡忠于君、孝于亲的人，即使在千百年之前，也十分敬慕，更何况亲逢阁下您这样的人，我怎么能不侍候在您的身边以报效我的忠心呢！

这封信成了韩愈走向仕途的敲门砖，他被提拔为监察御史，做起了京官。那么这位李实李大人其实为人如何呢？

其实李实是个典型的出卖良心而只求一己荣华的小人。为了在皇帝面前表现自己有办法，竟隐匿辖区的旱情不报，繁重的租税照收，不惜逼得百姓们家破人亡。这事儿做得并不是有多隐秘，但瞒上欺下一向是做官的不二法门，只要没传到皇帝的耳朵里，就是上上大吉。以韩愈的见识，不可能看不透李实的真相，可是那封颠倒黑白的信，依然写得有理有据，文采斐然。

韩愈当了监察御史，终于获得了一个表现自己的舞台。本部门的同僚还没认全，他就上书唐德宗，反映关中旱情及民不聊生的情况，矛头直指地方的最高行政长官李实。从写那封自荐书到告李实的状，前后时间相差不过半年，干得着实干脆利落。

按照唯物主义的历史观，评价一个人应该看他的主流，那么韩愈维护统一的中央集权，倡导古文运动，反对佛教的过度流行，在当时都具有进步意义，对后世也产生了不小的影响。单凭他生命中的一段小小的插曲，就把一个人否定了，实在有点不够客观。

而且，只就韩愈告李实这一件事来看，也并没有违反原则性的大是大非。为了扳倒李实，韩愈玩的是曲线救国，先接近他，取得他的信任，然后再一剑封喉，为天下的百姓们伸张正义。所谓为了最终目的，在中间过程中可以用些手段。

韩愈没有错误，我们一向认为，好人欺骗坏人，是一件大快人心之事，正义永远比邪恶更为长久。只要大方向正确，那么他们的诡诈就是智慧，他们的残暴就是勇敢，他们的淡薄就是坚定。

但是，在现实中，你愿意与这样的好人交朋友吗？

他目的明确、能力超群，只是稍稍有点儿薄情寡义。

如果我们都是凡人而不是品格没有任何瑕疵的圣贤，希望不要碰到韩愈。

小时候我们看小说和电影，好人和坏人的阵营总是分得一清二楚。其实天下大势，分分合合，成则王侯败则寇，其间也没有绝对的是非。所以一个人站在哪个山头无所谓，关键是站立的姿态如何。"当面一盆火，背后一把刀"的行径，将是一个人品格上洗不掉的污点。

处世能善始善终最好，最起码的，也不能一转身就把自己否定了。

方式 79 可以与老板交朋友，但要注意保持距离

关键词：交朋友·保持距离·把握尺度

适用情景：像"哈巴狗"、"应声虫"一样成天跟在老板身后者需学习运用此方式。

相信每个有些志气的人，都不愿意被人看成是老板的"哈巴狗"和"应声虫"，那么，你就要注意自己在上司面前的形像了，千万不要给人留下话柄。

你可以与你的老板交朋友，但是在工作中，你与老板的角色是不同的，不能以为自己是老板的朋友就可以在单位或公司里也称兄道弟起来。如此一来，老板还怎么工作？他怎么去安排他人工作？他怎么处理好大家的关系？他又如何区分工作人事上的是与非？

如果你的老板非常器重你，经常带你出席各种社交场合，那么，你千万不要得寸进尺，保持适度的距离对你是有好处的。也许你发现你可能正在成为老板的朋友甚至是哥们儿，但是你应该把握好尺度。

恰到好处的做人方式

任何一位领导在对待下级的问题上，都希望和下级保持良好关系，希望下级对他尊重、服从、喜欢。所以，当他愿意和部下建立朋友关系、同事关系的同时，在愿意进行情感沟通的同时，总是不希望用朋友关系超越或取代上下级关系。也就是说，他必须保持自己一定的尊严和威信。

每个公司所缺少的，都是能独当一面、为公司带来效益的优秀员工。那些没有能力、没有个性、只能扮演"保姆"角色的人，如果要以攀附作为自己升迁的法宝，无异于犯了方向性的错误。

每个在社会上的人包括你的老板，都希望交到能与自己互补互利、携手共进的朋友，无偿的服务并不能换取他们的友谊。即便面对的是老板，你也不可能以服务员的形象获得职业上的报偿。生活中，我们会碰到一些以讨好老板为职业的人，他们总是要无限制地去为老板的日常生活服务。比如不断地为老板端茶倒水、替老板清理办公桌等等。更有甚者，他经常在双休日到老板家中看有无家务事可以帮忙。在很多时候，他更像一个跟班。他满怀希望地等待着某一天老板突然对他说："你是个好人，你可愿做一名管理者？"可是，这一天始终没有到来。在老板心中，他的形象不知不觉地被定位为保姆，这样的人，适合永远做个无关紧要的下属。

那些已经坐在一定位置上的人，大都是经历过些风雨的，他们又岂会为自己一时的好恶来影响长久的事业？

如果老板发现他的工作越来越难做，而最终他发现是你破坏了他必要的威严时，那么，等待你的将是被老板疏远。

当然，你能够同老板交上朋友，说明你与老板的距离很近。但是，这种朋友关系的最佳状态，是业务上的朋友和工作上的挚友。如果你能推动老板在公司中的地位，你就是他最好的朋友，否则你就是个制造是非的人。

处理好与老板的距离，是必要的处世学问，而距离就在近与远之间，就看你如何去掌握了。

方式80 作为一棵小草，不要参与大树之间的竞争

关键词:权力之争·干涉内政·参与竞争

适用情景:面对领导之间的矛盾时,可运用此方式。

对于每个职场中人，上司肯定不只有一位，那么，作为一棵小草，又如何在这些大树之间生存呢?

有一个重要的原则，是不参与权力之争，即在竞争的彼此双方之间没有任何倾向，大有"互不干涉内政"的外交策略之风，就像一个国家对另一个国家一样，不管其内部政权怎样变化，都一如继往地与其政府保持友好关系。这才是为臣者永远立于不败之地的根本原因。

要知道，你对某位上司"跟"得太过分，必定会与其他人产生对立，对我们的职业生涯并没有好处。

做人做事必须要有"备用方案"——为自己多考虑几条安全通道。但时常可以发现，有些人一般不会找"平衡点"，但事实说明，你要想在人与人之间不偏不倚又游刃有余，没有一定的平衡技巧是行不通的。因此，在怎样对待比较复杂的人际关系问题上，多准备几手，适度中立，方能有备无患。

清末陈树屏做江夏知县的时候，张之洞在湖北做督抚。张之洞与抚军谭继询关系不太合得来。有一天，陈树屏在黄鹤楼宴请张、谭等人。座客里有个人谈到江面宽窄问题，谭继询说是五里三分，张之洞就故意说是七里三分，双方争执不下，谁都不肯丢自己的面子。陈树屏知道他们明明是借题发挥，是狗扯羊皮，说不清楚的。他心里对两个人这样闹很不满，也很看不起，但是又怕使宴会煞风景，扫了众人兴，于是灵机一动，从容不迫地拱拱手，言词谦恭地说："江面水涨就宽到七里三分，而落潮时便是五里三分。张督抚

恰到好处的做人方式

是指涨潮而言，而抚军大人是指落潮而言，两位大人都没说错，这有何可怀疑的呢?"张、谭二人本来都是信口胡说，听了陈树屏的这个有趣的圆场，自然无话可说了。于是众人一起拍掌大笑，不了了之，停止了"争辩"。

在现实中，我们也许没有陈树屏的捷才，但保持一颗平常心却是必须的。

部属在工作中经常会遇到领导之间因意见不统一而发生矛盾的情况。对于领导之间的矛盾，部属处理得好可以左右逢源，皆大欢喜；处理得不好则会处于夹缝之中，不但受气，影响工作，而且还会引起领导误解。如何驾驭矛盾、引导局势、协调关系，需要我们区别不同情况，冷静而又机智地加以处置。

1. 不涉"内政"，避免介入矛盾

由于受身份和地位限制，多数部属不可能对上级领导之间的矛盾了解得很清楚，或者根本不知道事情的来龙去脉及症结所在，所以部属不要轻易介入领导之间的矛盾。

2. 在语言上保持"沉默"

如果有人在公开场合议论领导之间的矛盾，或者遇到有领导在你面前谈到对其他领导的不满，应当慎之又慎，尽可能不在同事或领导之间充当"裁判"，评论是非曲直。遇到不便表态又不能走开的场合时，要冷静观察，不动声色，多思求变。可以说说圆场话，但不发表对领导的褒贬言辞和看法。离开这个场合后，一定要守口如瓶，对领导之间的矛盾严格保密。

3. 在态度上保持"中立"

领导之间无论什么原因引起的误解、分歧和矛盾，一般多各自放在心里，不外露。部属切忌自作聪明，胡乱猜测。如果确实需要部属出面，部属应迅速查明有关背景资料，迅速考虑基本意见，以应对领导询问，领导不问就不吭气，领导问什么就答什么。简明扼要，以说明情况为主，不要带上意见和看法，更不要带上感情色彩。当领导要求部属发言时，最好全面客观而扼要地把有关情况介绍清楚，然后把几个可供选择的方案提出来，供领导参考择定。在情况紧急需要迅速决断而领导之间的意见又不一致时，应当迅速寻求一种使持有不同意见的领导也能接受的折中方案。

4. 在交往上保持"等距"

当领导之间有矛盾时，部属尤其要注意与各领导之间保持同等距离，在平时的工作、生活和思想感情上坚持一视同仁、同等对待，不厚此薄彼。在工作态度上，部属对他们要同等配合协助；在涉及生活待遇的问题上，部属对他们要同等关心照顾；在思想感情上，部属对他们要同等敬爱尊重。

5. 努力"平衡"，尽量调和矛盾

一般情况下，领导之间的矛盾不需要部属出面解决，但如果部属与每位领导之间的感情都很不错，彼此了解信任，也比较容易接近，部属可以本着减少、化解矛盾的原则，抓住适当机会进行"平衡"、调和；但一定要注意方式方法，并把握好"度"，防止把事情办砸。如果仅仅是矛盾的双方对一些问题有看法继而涉及到对矛盾一方个人有看法，即使出现片面或偏激，也是非原则性的，部属在沟通、调和的过程中，只要动机公正就不妨说几句"善意的慌话"。

领导之间的矛盾如果发生在部属工作范围之内，最考验部属协调能力的，是在领导之间意见不一致的情况下，如何使大家都能满意接受，达成"共赢"。未雨绸缪，把矛盾消灭在萌芽状态。在完成领导交办的工作时，部属应首先想在领导之前，不但想好工作本身应该怎么做，充分准备方案和建议，力求使之切合客观实际，而且预测一下意见不统一时领导各自会有什么想法，在方案中把这种因素考虑进去，适当有所照顾和体现。没有照顾和体现到的，一旦他们提出来，该如何解释，怎样努力达成一致，要做到胸有成竹，心中有数。

对于有些必须马上完成的任务，在领导之间的意见难以马上统一时，下级必须按组织原则办事，切不可自作主张，造成工作失误。在正职与副职意见不一致时，按正职的指示办；在几个副职意见不一致时，按分管这项工作的领导指示办；在领导之间意见不一致时，按多数人的意见办。事后情况比较明朗之时，再做"牵线搭桥"工作，疏导关系、化解矛盾，最终促使各方握手言和，同舟共济。

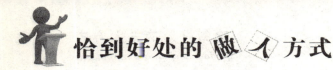

恰到好处的做人方式

部属在工作中经常会遇到领导之间因意见不统一而发生矛盾的情况。对于领导之间的矛盾，部属最好不要去干涉，避免介入矛盾。

方式81 言出必行，一诺千金

关键词：踏踏实实·专心致志·言出必行

适用情景：人际交往中，总是失言于人者需学习运用此方式。

在忙碌中，只有上司才会瞪大眼睛寻找那些能干的人，你应该相信上司的眼睛，踏踏实实地努力工作。有了专心致志的工作态度，即使你平时默默无闻，好的上司也会主动接近你。

金在哲34岁那年，闻名全球的肯德基开始进军韩国。他就想抓住这个机会加盟肯德基，但根据肯德基总部的要求，特许加盟商一是必须有75万美元的存款；二是要有一家中等规模以上的银行的信用支持。他当时打工6年，存款不足5万，但是他不甘心失去这个好机会，四处向亲友借钱，5个月后只借到4万元。无奈中，他走进韩国一家银行总裁的办公室，总裁听完他的诉说，淡淡地回答："你先回去，让我考虑考虑。"他知道，这代表拒绝的意思。

对这一情形，他早有准备，他要以自己的诚心做最后的争取。于是他恳切地说："先生，你可否让我告诉你我那5万元钱的来历？"总裁表示同意。"那是我6年按时存款的结果。"于是他就叙述了自己怎样每个月里都按时存款，不管遇到什么样的困难，他都想方设法来渡过，他克制自己的欲望，甚至向别人借钱来存款，从来没有间断过。就是为了以后有机会了来开始自己的事业。

他一口气讲了10分钟，态度恳切，使总裁大为动容。听完后，那个总裁就问他那个银行的详细地址，并说下午给他答复。金在哲离开后，总裁立刻开车找到那家银行，柜台小姐听完来意后，兴奋地说："喔，你说的是金在哲先生吧，他可是我接触过的最有毅力、最有礼貌的年轻人，6 年来，他真正做到了风雨无阻，准时来这里存钱。老实说，我可真佩服他。"结果可想而知，金在哲得到了那笔贷款，一手创造了肯德基在韩国的奇迹。现在他手下的肯德基分店在韩国到处都有，年营业额超过 20 亿美元。但是，设想一下，如果金在哲仅是想得到那笔贷款而欺骗总裁的话，他是得不到那笔钱的，也不会有今天的成功。

设想，如果你经常欺骗你的老板或上司，他们以后还会信任你吗？还会把重要的任务交给你吗？诚信不仅是人际交往的必要条件之一，更是与上司打交道的首要素质，上司往往会很直接并且快速地评估一个人是否值得信赖，你的取悦行为如果被视为狡猾，那你的努力就得不偿失了。

日常交际中，能够赢得别人信任的都是言出必行、一诺千金的人。那些谎话连篇、言而无信的人，是不值得交往的。作为上司，自然也会欣赏诚恳守信的人。

方式 82 上司就是上司，永远不要企图与之走得太近

关键词：上司·下属·把握距离

适用情景：企图与上司亲密相处时需学习运用此方式。

有些人以为，职场上与上司走得近，就成了上司的人了，这样更容易获得晋升的机会。于是他们便处心积虑地接近上司，结果物极必反，跟上司走得越近，常一不小心就把同事得罪了，而且更容易被抓住把柄，影响自己的前途。

雄伟如愿以偿地进了一家网络公司。他不仅谦虚好学，手脚勤快，而且非常有眼力，很快就赢得了老板的好感。老板对他格外关照，经常对他的工作进行指导，公司有什么好事，老板也常常想着他。

恰到好处的融入方式

雄伟为了表示感谢，经常主动跑腿帮老板办一些无关紧要的琐事。而且两人居住的地方恰巧离得不远，下班后老板就常让雄伟搭个便车。渐渐地，两人的关系就超出了普通的上司与下属的关系。

有一次公司加班，完工后上司让雄伟与同事们先走，他自己还有一点工作要处理。雄伟在公司附近的快餐店吃过晚饭，忽然想起老板一直在加班，还没有吃晚饭，就买了一份饭给老板送过去。老板的房门虚掩着，他没敲门就直接闯了进去，结果看见老板的怀里坐着自己的女同事。两人先是一阵慌乱，然后又装出一副若无其事的样子。雄伟的脸倒是红了，他把饭一放，赶紧溜了出去。

雄伟感到难以置信，老板平时看起来挺正派的，并且已经结了婚，怎么和自己的下属勾搭上了？

后来雄伟发现这些问题对自己都无关紧要，重要的是他在面对老板和女同事时的尴尬。尽管他们都装出什么事都没发生的样子，可是雄伟发现，女同事刻意躲着他，老板对他客客气气的，下班后也不邀请他搭便车了。

一段时间过后，公司里传出老板与女同事有暧昧关系的消息，雄伟开始感觉到老板对他的态度明显恶化了。其实，消息并不是雄伟传播出去的，但老板一定认为是他所为。雄伟开始还想找老板解释，但是想到事情会越描越黑，就只好任凭事态发展了。

不久，公司在一个偏远的地区成立办事处，雄伟被调到了那个谁也不愿去的地方。

其实，雄伟如果不是与老板走得太近，就不会发现他的隐私，当然也不会有后来的事情了。

作为一名下属，要想与上司融洽相处，必要的时候得到他的提拔，就应该与之保持适宜的距离。

1. 与上司单独相处的时间不要过长

尤其是工作期间，不要长时间地呆在一起，比如你去他的办公室汇报工作，或者请示问题，要速战速决，时间过长，就会让人觉得你们两人的关系很密切，惹得别人在私下议论。

2. 尽量少与上司开玩笑

在适宜的时间和地点，与上司开个并不过分的玩笑倒也无妨。如果你不分场合地经常与他开玩笑，就会让人觉得你们的关系过于亲密。因为在人们的意识里，只有关系非常不一般的人才会经常开玩笑。

3. 不要与上司有亲昵的举动

同性之间，无论你的上司多么随和，即使他毫不介意，也不要与他发生亲昵的举动，那是你们关系亲密无间的最有力的证据。异性之间，更不该对你的上司有亲昵的举动，那会给别人留下关系暧昧的印象。

还有的员工甚至认为，知道了上司的隐私，等于抓住了上司的"小辫子"，上司会把他当做心腹，或者偏袒他。殊不知，你知道了不该知道的事，从某种意义上会给上司构成一定的威胁，当他感受到这种威胁的压力时，必然会除之而后快。

作为下属，永远不要企图与之走得太近。当然，也不要有太多顾虑而对上司敬而远之。把握好适当的距离，经营好与上司的人际关系，将使你的工作轻松愉快。

第十三章

恰到好处地交流

成人之美，不送人之恶

　　中国人有句古话："成人之美，不送人之恶。"可以说，成人之美是美德中的美德。凡是成人之美的话，诸如激励人心、善良忠告等都是受人欢迎和尊重的。

　　反之，在与人谈话中，不但不成人之美，反而拆别人台，与人唱反调，不管别人说得对不对都要反对一下，使人家的兴致化为泡影，那就注定要遭人唾弃，朋友、同事多半会疏远他。

方式 83 不要逞口舌之利

关键词：争论·争辩·抬扛

适用情景：当与他人争论不休时，可运用此方式。

每一个人都相信自己才是真理的拥有者，为此，他们常常争论不休，但他们却不知道，争辩的言辞是很苍白无力的，它很少能说服他人改变立场，就算是口若悬河的诡辩家也挽救不了自己的命运。所以说，逞口舌之利是毫无意义的，不但不能改变别人的立场，反而把自己逼上绝路。

有位爱尔兰人名叫欧·哈里，上过卡耐基的课。他受的教育不多，可是很爱抬扛。他当过人家的汽车司机，后来因为推销卡车不顺利，来求助于卡耐基。问了几个简单的问题，卡耐基就发现他老是跟顾客争辩。如果对方挑剔他的车子，他立刻会涨红脸大声强辩。欧·哈里承认，他在口头上赢得了不少的辩论，但没能赢得顾客。他后来对卡耐基说："在走出人家的办公室时我总是对自己说，我总算整了那混蛋一次。我的确整了他一次，可是我什么都没能卖给他。"

所以，卡耐基的难题是如何训练欧·哈里自制，避免争强好胜。欧·哈里后来成了纽约怀德汽车公司的明星推销员。他是怎么成大事的？这是他的说法：

"如果我现在走进顾客的办公室，而对方说：'什么？怀德卡车？不好！你就白送我我都不要，我要的是何赛的卡车。'我会说：'老兄，何赛的货色的确不错，买他们的卡车绝错不了，何赛的车是优良产品。'

这样他就无话可说了，没有抬扛的余地。如果他说何赛的车子最好，我说没错，他就只有住嘴了。他总不能在我同意他的看法后，还说一下午的何赛车子最好吧。我们接着不再谈何赛，我就开始介绍怀德的优点。

恰到好处的做人方式

当年若是听到他那种话，我早就气得脸一阵红、一阵白了，我就会挑何赛的毛病，而我越挑剔别的车子不好，对方就越说它好。争辩越激烈，对方就越喜欢我竞争对手的产品。

现在回忆起来，真不知道过去是怎么干推销的！以往我花了不少时间在抬杠上，现在我再也不做那样的傻事了，果然有效。"

正如明智的本杰明·富兰克林所说的："如果你老是抬杠、反驳，也许偶尔能获胜，但那只是空洞的胜利，因为你永远都得不到对方的好感。"

有的人喜欢用唱反调来表现自己的与众不同。他们常为自己拥有与众不同的一孔之见而自鸣得意。与同事谈话，发表个人见解是可以的，但一味地唱反调，把他人驳斥得一无是处以示聪明，这样的人即使真的见识高明，也是不可取的。

凡事有度，"制人"也是同样。让人看到你强大的一面，防守的目的应当大于进攻。不能演着演着来了兴致，沉溺在机警、强硬的美好感觉里，只为表现而表现。

大文豪萧伯纳从小就很聪明，且言语幽默，但是年轻时的他特别喜欢崭露锋芒，说话也尖酸刻薄，谁要是和他说一句话，便会有体无完肤之感。后来，一位老朋友私下对他说："你现在常常出语幽默，非常风趣，但是大家都觉得，如果你不在场，他们会更快乐，因为他们比不上你，有你在，大家便不敢开口了。自然，你的才干确实比他们略胜一筹，但这么一来，朋友将逐渐离开你，这对你又有什么益处呢?"老朋友的这番话，使萧伯纳如梦初醒，他感到如果不收敛锋芒，彻底改过，社会将抛弃他，又何止是失去朋友呢？所以他发誓，从此以后再也不讲尖酸的话了，要把天才发挥在文学创作上，这一转变成就了他后来在文坛上的地位。

萧伯纳可能是文人积习、无心之失，这倒也罢了。可在生活中，的确有人对于类似的问题认识不清，他们以为，只有以自身的光芒，才能反衬出对手的渺小，这却是一个南辕北辙的错误。正直、坦率、敢于捍卫自己正当权利的人是受人尊敬的，而当一方招架退避、另一方却欺人太甚时，在周围的人眼里，后者的心胸气量就要受到置疑。

美国人是一个性格外向、感情丰富的民族。他们欣赏英俊的外貌，沉着冷静、彬彬有礼的绅士风度，赞赏幽默机智的谈吐。1992 年，老布什与克林顿竞选总统，从外部形象看，年仅 46 岁的高大、英俊的克林顿当然比年纪老迈的老布什占有很大的优势，但老布什是一个很难对付的对手，他是一个老牌政客，在从政经验的丰富与外交成就的显赫这两个方面，克林顿无法同他相比。故而克林顿在 3 次电视辩论中决定采用以柔克刚的办法，不咄咄逼人，不进行人身攻击，要在广大听众面前展示出一个沉着稳重、从容大度的形象。在 1992 年 10 月 15 日第二次电视辩论中，辩论现场只设一个主持人，候选人前面都没有讲桌，只有张高椅子可坐，克林顿为了表示他对广大电视观众的尊敬，一直没有坐，并且在辩论中减少了对老布什的攻击，把重点放在讲述自己任阿肯色州州长 12 年间所取得的政绩上。克林顿的这种以柔克刚、彬彬有礼的做法，立即赢得了广大电视观众的好感。

最后一次电视辩论中，克林顿英俊潇洒的姿态、敏捷的论辩与幽默机智的谈吐使他大出风头。他在对老布什的责难进行了有效的反驳以后，很得体地对广大电视观众说："我既尊敬布什先生在白宫期间的为国操劳，又希望选民能鼓起勇气，敢于更新，接受更佳人选。"话音刚落，掌声雷动。

既然是竞争，肯定要分个输赢，只是无论结果如何，姿态不能太难看。克林顿是个聪明人，他也需要掌握主动权，也需要给对手施加压力，却时刻小心着不操之太急，以免丢了印象分。

只要矛盾没有发展到你死我活的关头，总是可以化解的。冤家宜解不宜结，低头不见抬头见，还是少结怨家比较有利于自己，如果你还想在一个单位待下去，发展自己的事业，使自己有所作为的话，就应该学会变通，最好"怀忍让之心"，而不要做无谓的口舌之争。如果处境不利而又无计可施，那么就可以采用一种以不变应万变的变通方法——保持沉默。保持沉默，可以避免给自己带来灾祸，或使自己的处境变得更加主动。

恰到好处的做人方式

方式 84 尊重他人，千万不要揭人之短，戳人之痛

关键词：维护自尊·揭人之短·戳人之痛

适用情景：面对有缺陷、弱点的人时，需运用此方式。

俗语说得好："打人不打脸，揭人不揭短。"要想与他人友好相处，就要尽量体谅他人，维护他人的自尊，避开语言的"雷区"，千万不要揭人之短，戳人之痛。

我们每个人都会有缺陷、弱点，这也许是生理上的，也许是隐藏在内心中不堪回首的经历。尤其是生理上的缺陷，我们无法去改变它，而且内心也许常为此懊恼。不可以拿对方的缺陷来开玩笑，就算为自己的利益着想，也不应去触痛别人的"疮疤"。因为对任何人来说，被击中痛处，都会引起不快。

人们之所以有忌讳，怕别人揭自己的短处，说到底是自尊心问题，怕脸面上过不去。所以，你若想获得朋友，就一定不要触痛他们的短处。

古代有一则故事，说的是有一个叫鱼子的人，生性古怪，对人尖酸刻薄，总好揭人短处并以此为乐。有一天，朋友们坐在一起吃酒，其中一个叫吴丑的因老婆管得太严而不敢多喝。鱼子便吵吵嚷嚷地说："你们知道吴丑为什么不敢吃酒吗？是他的老婆管教得太严了。有一次，吴丑喝醉了酒，还被老婆打了几个耳光呢！"吴丑被鱼子当众揭了短处，恼羞成怒，拂袖而去，大家也弄了个不欢而散。

生活中像鱼子这样的人不乏其人，他们认为，只有揭了别人的"短"，才足以证明自己的"长"，以此来获得心理上的满足。却不知这样做的结果只能使人们对他们避而远之。

有一位年轻的姑娘长得很胖，吃了不少的减肥药也不见效果，心里很苦恼，也最怕有人说她胖。有一天，她的同事小吴对她说："你吃了什么呀，像气儿吹似的，才几天工夫，又胖了一圈儿。"胖姑娘立马恼羞成怒："我胖碍着你什么了？不吃你的，不喝你的，真是狗拿耗子，多管闲事！"小吴不由得闹了个大红脸。在这里，小吴明知对方的短处，却还要把话题往上赶，这自然就犯了对方的忌讳，不掀起一场风波才怪呢。

　　俗话说："不打勤的不打懒的，专打不长眼的。"这句话说得实在有道理。因为，人生在世有很多忌讳，如果你在无意之中触犯了别人的忌讳，就会在无形之中得罪对方。所以我们说话时，一定要眼观六路，耳听八方，千万不要说大家不愿听的话。

　　有一位姑娘谈恋爱遇挫，头一回感情旅程就打了"回程票"，心里有点儿懊恼。这位姑娘性格内向，平时不善言谈，也没有向旁人袒露内心的秘密。单位里一个与她很要好的同事在办公室里看到她愁容不展，就当着众人的面说起安慰话："这个人有什么好，凭你这种条件，还怕找不到更好的？"没等她说完，这位姑娘就跑出了办公室。这时她才感到在这样的地方说这样的安慰话有些不当，可姑娘已无法领情了。几句安慰话倒成了彼此尴尬的缘由。

　　对性格内向的人或者是怕羞的女孩子，一般不宜在众人面前直接给予安慰。尤其是涉及别人的隐私，万万不可"好心办错事"，不宜在公开场合"走漏风声"，在说安慰话时，还得"看人点菜"，对不同对象要处以不同的方法来安慰。

　　人们在交谈中常有一些失言："哎，你儿子的脚跛得越来越厉害了！""你怎么还没结婚？""你真的要离婚吗？"等等，一些别人内心秘而不宣的想法和隐私被你这些话无情地揭露了出来，实在是不够理智。如果你想让人喜欢，就不要对跛子谈跳舞的好处和乐趣；不要对一个自立奋发的人谈祖荫的好处；不要无端嘲笑和讽刺别人，尤其是别人无能为力的缺陷，否则就是一种刻薄。

　　人们对于自己的忌讳，通常极为敏感。由于心理作怪，往往把别人的无

恰到好处的 做人 方式

意当成有意，把无关的事主动与自己相联系。有时，你随口谈一点什么事，也很可能被视为对他的挖苦和讽刺，正所谓"说者无意，听者有心"。因此，我们不仅应避免谈论别人的忌讳之点，同时也应注意不要提及与其忌讳之点相关联的事物，以免造成对方的误会，以致使他的自尊心受到无谓的伤害。在与人相处时，即便是为了对方或是为了大局必须指出别人的缺点，也要讲究策略和方法。

方式85 不要用贬低别人的方式来抬高自己

关键词：抬高自己·贬低别人·狂妄自大
适用情景：清高自负者需学习运用此方式。

在交际应酬中不会适当抬高自己的人，很难获得高质量的交际效果。你能言善辩的口才、渊博的知识、彬彬有礼的举止，常常是在社交中获得人缘的重要因素。善于交际的人，总是最大限度地把自己的"闪光点"呈现在他人面前，能给人一个难以泯灭的印象。但是，清高自负，狂妄自大，在言行上贬低他人，只能使社交变得毫无意义，并且招致他人的反感。

抬高自己，贬低别人，势必给别人带来思想上的不愉快。因为这种贬损与实际差距很大，实际上是对别人工作的一种主观的否定，所以一旦给别人带来思想上的不愉快，还会严重地影响他人正常的思想情绪。另一方面，贬损的言辞还有可能被一些别有用心的人所利用，作为攻击或整治他人的材料，势必破坏彼此之间团结和谐的人际关系。

米娅自我感觉良好，然而在单位人缘并不好，因此她经常抱怨世态炎凉，责怪同事寡情薄义。真的是世态炎凉、同事寡情薄义吗？非也！原来是米娅自命不凡，每逢单位开会、年终考评，她都喋喋不休地贬损他人，以显示自己"崇高的思想"、"卓越的才能"、"非凡的业绩"。因此，同事们都觉得米娅太过分了、太不像话了。于是大家都不买她的账，她陷入了孤家寡人的境地。显然，米娅人缘不好，其原因在于贬低他人，抬高自己。在现实生活中，像米娅这种人为数并不少。

为什么有些人会不择手段地贬损他人、抬高自己呢？其原因显然是出于一种站在自己的利益上考虑的心理。有些人为了充分地显示"自己的高明"和"非凡的价值"，因此往往喜欢找参照物，自以为通过贬损他人，自己的高明和非凡的价值就能充分地表现出来了。

更有甚者还喜欢以打小报告的方式来压制别人显示自己，这样做的结果又如何呢？

专在别人背后拆台的人，等于在自己额头上刺了个"小人"的金印，对他们的话，听者会一面点头，一面暗生提防之心。爱打小报告的人，容易被人们当成了解对方情况的"工具"，永远不会得到重用。

某机关欲从一部门中择优录用一名干部，该部门中两位出类拔萃的青年都在被选之列。由于这两位青年各方面都非常优秀，让前去考察的人为选谁而大伤脑筋。这两位原本无话不谈的朋友，现在虽然表面上平静如初，暗地里却互相展开竞争。由于竞争太过于激烈，且二人都在迫不得已的情况下使用了不正当的竞争手段，分别到上级领导那儿去进谗、拆对方的台。上级机关的领导在一怒之下，从其他部门选拔了干部。这两位青年从此不但反目成仇，而且都一蹶不振。无论在什么场合中，这样寸步不让、寸利必争的明争暗斗，都只能落得个悲惨的两败俱伤的结局。

如果你要追求幸福，你可以奋力拼搏，但不要把自己的幸福建立在别人的痛苦之上。在一个集体里，人们最痛恨的情况之一便是打小报告。

领导们真的喜欢某个职员打小报告吗？绝对不是，大部分的领导绝不喜欢打小报告的职员。而且，这种职员的心态也能被领导洞察无遗。

如果你这么热衷于踩着朋友的肩膀往上爬，难保有一天你不会踩着领导的肩膀往上爬，这完全是合理的推断。

恰到好处的做人方式

靠打朋友小报告来讨取领导欢心的人在出卖朋友的同时，自己也可能被出卖，领导对打小报告的人一般有以下几种印象：

1. 此人不光明磊落，心胸狭窄，不走正道；

2. 成不了大器，不琢磨事，光琢磨人，工作肯定抓不好；

3. 对自己认识不足，眼睛都用来挑人毛病，吹毛求疵。

领导之所以对打小报告的人表面上和颜悦色，那只是为了更进一步地从他那里多掌握些其他人的情况，仅此而已，但对"工具"本身是绝对不会委以重任的。

其实，真正有能力的人，他的行动就可以表明一切。吹嘘和夸口、压制别人其实意味着他并不真正了解自己，也不能正确认识自己在世界上的价值。

方式86 迎合别人的意志，免除反对意见

关键词：避免争论·迎合·反对意见

适用情景：当你碰到一种反对意见时，需运用此方式。

罗斯福总统对于他的反对者，往往会和颜悦色地说："亲爱的朋友，妙哉妙哉，你到这里来和我争执这个问题，真是一个妙人！但在这一点上，我们两个的见解自然不同，让我们来讲些别的话题吧！"于是他会施出一种诱惑的手段来，使对方放弃自己的意见，而去接受他的观点。

这是一个好方法，无论那些成功的人采用什么方式去驾驭别人，我们可以注意到的是，他们第一步是"避免争论"，他们的策略是以"迎合别人的意志"及"免除反对意见"来打动人的。

巴特尔与一位政府稽查员因为一项1万元的账单引发的问题争辩了一个小时之久。巴特尔声称这笔1万元的款项确实是一笔死账，永远收不回来，当然不应该纳税。"死账？胡说！"稽查员反对说，"那也必须纳税。"

看着稽查员冷淡、傲慢而且固执的神态，巴特尔意识到争辩得越久、越激烈，这位稽查员可能越顽固，他决定避免争论，改变话题，给他一些赞赏。

于是，巴特尔真诚地对这个稽查员说："我想这件事情与你必须做出的决定相比，应该算是一件很小的事情。我也曾经研究过税收的问题，但我只是从书本中得到的知识，而你是从你的工作经验中得到的，我有时愿意从事像你这样的工作，这种工作可以教会我很多书本上学不到的东西。"

听完巴特尔的话，那个稽查员从椅子上挺起身来，讲了很多关于他的工作的话，以及他所发现的巧妙舞弊的方法。他的声调渐渐地变得友善，片刻之后他又讲起他的孩子来。当他走的时候，他告诉巴特尔要再考虑那个问题，在几天之内给他答复。3 天之后，他到巴特尔的办公室里告诉他，他已经决定按照所填报的税目办理。

当你碰到了任何一种反对意见，你应当先自己打算着："关于这一点，我能不能在无关大局的范围中让步呢？"为使人家顺从你的意见，应当尽量做出"小的让步"，有时，为了避免这种反对，甚至还可以将你的主见暂时收回一下。如果你碰到了对于你的主要意见十分反对的人，那么最聪明的方法还是把这个问题延缓下去，不必立求解决，这一方面使对方得到重新考虑的机会，一方面使你自己也有重新决策的机会。

喜欢争论的人，表示他自尊自大。避免跟人争论最聪明的方法，就是同意对方的主张，不管他的意见是如何可笑，如何愚笨，如何浅薄，你都礼貌地回答他，无条件地赞成他的意见，佩服他的见识和聪明。你要获得胜利，唯一的方法是避免争论。你的心中只需记住：用爱心解仇，仇可立即解除；以恨止怨，怨必更深。

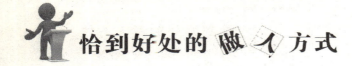

恰到好处的做人方式

方式87 注意检点自己的言行，不要想说什么就说什么

关键词：一时之快·心直口快·检点言行
适用情景：心直口快者需学习运用此方式。

有些人往往不注意检点自己的言行，只凭一时快意，想到哪儿说到哪儿，想做什么就做什么，致使同事为了避免"受伤"而不愿与你保持关系。即使你个人有很强的能力，他人也会对你敬而远之，这样也就将人脉"存折"的本金流失了。

无心的话语给他人带来的伤害往往是你无法估量的，特别在某些特别的场合中，更要特别注意，否则，就会像下面故事中的李强一样，遭人厌恶。

李强是公司里的业务能手，平时为人坦诚，身边有不少朋友。可是就在一次公司组织的户外活动中，他却因一时的心直口快遭到了同事的厌恶，从此那个亲切能干的李强也从大家的印象中消失了。

事情是这样的，一次户外拓展训练中，有一项团队协作游戏的比赛，李强受到推举成为游戏的裁判员。虽然说只是一个游戏，但是谁也不愿意扯团队的后腿，大家都很努力地完成自己的任务。甲组里有个叫赵芳的女孩，身体素质不是很好，没跑几步就已经是气喘吁吁了。其他的同事都在为她呐喊助威，她也努力地将比赛坚持到最后，虽然她们组因她而输掉了比赛，但是大家还是给了她热烈的掌声。

裁判李强在乍最后总结的时候对大家说："今天的比赛非常好，充分显示出了我们大家的团结，不过我说赵芳，你平时应该注意一下运动了，看你现在胖的那样儿 平时就知道往嘴里塞东西吃，一个女孩子，那么胖像什么样子啊，今天，你们组就是因为你才输掉了比赛。"话音刚落，就见赵芳的脸刷地红了，险些哭了出来。大家都对李强说："你就别说了，她已经很努力地完成了比赛啊，只不过是一个游戏嘛，参与就好了。"李强不以为然："怎么了？她本来就胖啊，难道还不让说啊，谁让她平时就知道吃的。"大家都沉默了，不是因为李强的话，而是在想李强怎么会是这样的人，一点儿也不顾及别人的感受。

心直口快的人不仅容易伤害他人，而且也容易成为被人利用的对象，因为这类人一般都具有"正义倾向"，容易被人鼓动去揭发某些非法的事情，或者去攻击某人的不公。这样的人容易成为别人鼓动下的牺牲品，成为他人的眼中钉。因此，要想在办公室里有一个好的人缘，就要随时注意检点自己的言行，免得给自己惹来不必要的麻烦。

方式88 诚心诚意的赞美才是他人最需要的

关键词：赞美·真诚·阿谀奉承

适用情景：要赞美他人时，需运用此方式。

称赞作为为人处世的行为和手段，它的作用在于：激励人们不断进步；能对人的一生产生深刻的影响；能沟通人与人之间的感情。

这里所说的赞美，是指诚心诚意、真实不虚的赞美，而不是虚伪的应酬话，也不是言不由衷的阿谀奉承之词。并不是所有人都能给人以诚心的赞美，有些人就是不肯赞美别人，他们的理由是：

第一，第一次与人接触，关系还比较生疏，对人家的情况不大了解，如何对人家表示赞美呢？

第二，有的人因为成就大，获得的评价很高，我们没必要当面去称赞一番。

第三，第一次与异性交往，尤其是面对一位年轻漂亮的女士，尽管觉得她是个美人儿，可如果我嘴里说出过于赞美的话，人家会认为你居心不良。

第四，有的人太普通了，还有许多毛病，实在不怎么样，就算有点可取之处，但也不过是些琐碎、细小的事情，对这种人表示赞扬没什么意思。

第五，对于服务人员，没有必要表示对他们的服务很满意，因为他们做得再好，也是为了赚我们的钱。他们做好本职工作理所当然，没必要对他们表示满意和感射。

第六，关系要好的人，彼此间早已相知，何必还要表示赞扬？对方从不怀疑我对他的感情和信任，似乎没什么必要表示自己对他的喜爱和赞赏，弄不好反倒显得生疏。

第七，对于领导者，我不可随便表示赞扬，因为即使上司确实有值得称赞的地方，倘若对他尽说好话，别人岂不要说我溜须拍马、讨好领导吗？

许多人为什么会这样想问题？主要是因为：

第一，不理解赞扬的意义，或是主要从庸俗的角度来理解，似乎只有有求于人或巴结讨好人才会有意识地给对方戴几顶高帽子，而心地坦诚、作风正派的人不需要搞这一套。

第二，因为没有掌握赞扬的艺术，怕自己说错话，或是曾经赞扬过别人，但效果不佳，因而便误以为赞扬没什么价值。

第三，由于心理不平衡，有嫉妒心和虚荣心，便不肯对职务和成就比自己高的人进行赞扬，对于不如自己的人又不屑一顾。

第四，老实巴交，为人拘谨，不好意思对别人表示赞扬，同时又顾虑别人会对自己有什么怀疑和不好的看法。

第五，只想自己需要得到别人的赞扬，而从不考虑别人也很需要得到自己的赞扬，尤其是有自卑心理的人，即使多少能想到别人的需要，但又觉得自己人微言轻，对别人赞扬不赞扬无足轻重，没什么意义。

以上几点想法并不一定正确，因为，称赞能改变一个人。称赞一个人的工作，会使他做更多的工作；称赞他的行为，他的行为就会更加完善。一个人的行为和贡献如果受到别人的称赞，就会增加自尊心，远离傲慢与自大。

方式 89 抓住闪光点，发自内心地赞美他人

关键词：赞美·闪光点·发自内心

适用情景：当我们赞美人时，需运用此方式。

爱听赞美的话是人类的天性，人人都喜欢正面刺激，而不喜欢负面刺激。如果在人际交往中人人都乐于赞扬他人，善于夸奖他人的长处，那么，人际间的愉快度将会大大增加。

赵明是一个专门推销各种食品罐头的推销员，他此次的任务是拿下本市最大型商场的订单。于是，他找到了该商场的负责人马经理。见面后，赵明说："马经理，我有幸逛过你们商场很多次，作为本市最大的专业食品商店，我非常欣赏你们商场高雅的店堂布局，商场货架上也陈列了国内外许多著名品牌的食品，窗明几净，工作人员都和蔼待客，百问不厌，看得出来，您为此花费了不少心血，可敬可佩！"

听了赵明的这一席赞美和恭维的话语，马经理不由得连声说："谢谢！谢谢！我们商场做得还不够，请多多指教，请多多指教！"嘴上这样说，心里却是美滋滋的。结果不言而喻，赵明拿到了他想要的销售订单。

人人都乐意听赞美的话，当我们赞美人时，我们就是在满足他被尊重的需要，我们施予了他，满足了他，那么他也一定会回报于我们。

说些善意的话，好让别人知道你的感觉。千万不能以为别人知道你欣赏他而懒得去称赞。你要亲口说出来，他们才能够接受。当你让别人知道你欣赏他们的作为时，他们将心甘情愿地为你做更多的事情。

因为称赞的词句使人感到亲切、满意和鼓舞，因而听起来觉得顺耳，它有助于建立友谊和成功地与人交际。

称赞别人有几种方法：首先在一般人的观念中，总以为别人的话比较客

恰到好处的 做人 方式

观、实在，所以以别人的口吻来进行称赞，更能得到对方的好感。其次，就是直接称赞，特别是上级对下级、长辈对晚辈、老师对学生，这种称赞的特点是及时、直接。还有一种办法就是当事人不在场时，背地说些称赞他的话。一般情况下，间接称赞的话都能传达到当事人本人。生活中，如果我们想称赞一个人、又不便对他当面说出时，可以在他的同事或朋友面前适时地称赞一番。

称赞时应注意：

第一，称赞要发自内心、真心实意。如果言过其实，对方就会怀疑你的真实目的。

第二，最需要你赞美的不是早已名扬天下的人，而是那些自卑感很强的人，特别是那些被压抑、自信心不足的人。他们一旦被人真诚地称赞，就有可能自信心倍增，精神面貌焕然一新，重新鼓起生活的勇气。

第三，称赞要具体，不要含糊其辞，否则只会使对方窘迫、混乱，甚至紧张。称赞越具体，表明你对他越了解。另外，不要称赞他身上众所周知的长处，应称赞他身上既可贵又不为人知的特点。

第四，要注意称赞的分寸。适度地称赞能使人树立信心。反之，会使人反感、难堪，所以，称赞的内容要适度、要有分寸，要恰如其分；称赞的方式、地点要适宜；称赞的频率要适当。

如果在人际交往中人人都乐于赞扬他人，善于夸奖他人的长处，那么，人际间的愉快度将会大大增加。

第十四章

恰到好处地倾诉

心里的话该说则说，不该说千万别说

人说话时，喜欢以"我"字开头。他们以为说得越多，就越能得到更多的关怀、支持和理解，所以就不分场合地表白自己、评议他人。

而事实上，如果一个人说得太多，他的底细就会过早地暴露，他的话反而不被重视。成熟的社会人，应该是"敏于事而慎于言"的。

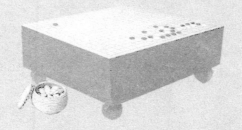

方式90 沉默，摆脱烦恼的最好方法

关键词：摆脱烦恼·适时沉默·唠叨不止

适用情景：常常唠叨不止的人需学习运用此方式。

人的一生，应是极力显示自身价值的过程，应该以自己的方式去生活，如果把自己变成别人的赝品，又如何去创造生活、迎接挑战呢？在现实生活中，沉默才能给人以意想不到的力量。

沉默是一种品格，沉默也是一种境界。生活总是无端地冒出许多烦恼，喧嚣的世界又总是扰得人们不得安宁。所以，我们学会适当地保持沉默，也就找到了摆脱烦恼的最好方法。许多时候，一个人的沉默比大声吵闹更能表达自己的思想，沉默更具有摄人心魄的力量。喜欢沉默的人，并不都是讷于言谈，而整日喋喋不休的人，则多是缺乏自信和主见的表现。

在人生绝大部分领域内，说得越少，就显得越神秘，就越能掩藏自己的真实意图，越能控制别人。当一个人能够适时地闭上嘴巴时，他就会获得更多成功的机会。

有一位不速之客突然闯入美国大富豪洛克菲勒的办公室，直奔他的写字台，并以拳头猛击台面，大发雷霆："洛克菲勒，我恨你！我有绝对的理由恨你！"接着那暴客恣意谩骂他达10分钟之久。办公室所有职员都感到无比气愤，以为洛克菲勒一定会拾起墨水瓶向他掷去，或是吩咐保安员将他赶出去。然而，出乎意料的是，洛克菲勒并没有这样做。他停下手中的活，用和善的眼神注视着这一位攻击者，那人越暴躁，他便显得越和善！

那无理之徒被弄得莫名其妙，他渐渐地平息下来。因为一个人发怒时，遭不到反击，他是坚持不了多久的。于是，他咽了一口气。他是做好了来此与洛克菲勒作斗争的准备，并想好了洛克菲勒将要怎样回击他，他再用想好

恰到好处的 ⬚⬚方式

的话语去反驳。但是，洛克菲勒就是不开口，所以他不知如何是好了。

末了，他又在洛克菲勒的桌子上敲了几下，仍然得不到回应，只得索然无味地离去。洛克菲勒呢？他就像根本没发生过任何事一样，重新拿起笔，继续他的工作。

不理睬他人对自己的无礼攻击，便是给他最严厉的迎头痛击！成功者每战必胜的原因，就是当对手急不可耐时，他们依然故我，显得相当冷静与沉着。

有许多人在遇到麻烦的时候，常常唠叨不止，因此暴露了自己的弱点。处在这种尴尬的情况下，与其聒噪不停，甚至说错话，倒不如保持沉默。

不同的沉默方式，如果运用恰当，会收到不同的效果。

1. 转变话题的沉默能使提问人无技可施

对要回答的问题保持沉默，而选准时机谈大家关心的热门话题，往往是转变话题的最高明手法。

2. 一如既往的沉默能使人就范

当有人对自己分内的事儿却要推托抱怨的时候，你越好言相劝，他会越以为自己受了不公正待遇。保持沉默，会让他冷静地反省自己，学会尽职尽责。

3. 咄咄逼人的沉默能使人不攻自破

对犯了错误的人，沉默是一种有效的冷处理，比喋喋不休的谴责更有力度。

4. 平平淡淡的沉默能使人深思

有些人态度积极，但发表意见时不免有些偏颇。直截了当地驳回，又易挫伤其积极性；循循善诱地与其沟通，又费时间和精力，最好的办法便是平平淡淡地保持沉默。

几个人一起谈话时，你说他听，他说你听，相互交流、相互沟通时，虽不应该唱独角戏，但也不是你要应答所有人的话，应该懂得适时保持沉默。

适时保持沉默，是一种智慧的表现。在实际生活之中，如果能够灵活运用，将对我们的生活和事业起到不少的帮助。

方式 91 不要无休止地对人发牢骚

关键词： 发牢骚·怀才不遇·际遇不佳

适用情景： 面对不佳的际遇、一时的坎坷时，可学习运用此方式。

在我们的境遇不尽如人意的时候，首先要先从自己身上找原因。

一个年轻人一直得不到重用，为此，他愁肠百结，异常苦闷。有一天，这个年轻人去问上帝："命运为什么对我如此不公？"上帝听了沉默不语，只是捡起了一颗不起眼的小石子，并把它扔到乱石堆中。上帝说："你去找回我刚才扔掉的那个石子。"结果，这个年轻人翻遍了乱石堆，却无功而返。这时候，上帝又取下了自己手上的那枚戒指，然后以同样的方式扔到了乱石堆中。结果，这一次，他很快便找到了那枚戒指——那枚金光闪闪的金戒指。上帝虽然没有再说什么，但是他却一下子省悟了：当自己还只不过是一颗石子，而不是一块闪光的金子时，就永远不要抱怨命运对自己不公平。

宿命论者大多非常灰暗、悲观。他们越是这样，幸运女神就越不会去眷顾他们，他们就更相信是运气不好，而造成一种恶性循环。

如果你对自己的能力作了过高的评价，觉得自己怀才不遇，并将原因归咎于运气不好的话，那么你大概就是那种只会抱怨上天不公平的宿命论者。对于这种人，他们最常见的说辞就是："公司根本就不了解我的实力"、"上司没有眼光，所以我再努力也得不到他的赏识"、"大家都无法欣赏我的能力"。这种念头转得多了，身上就会有一种不入世的乖戾之气，这种气质常会在不经意间发作。

当一个人时时以怀才不遇自命的时候，他就很难跳出那个框框了。抱怨足以使我们陷入一种负面情绪之中，周围人人侧目，而自己越发不能自拔。而另一方面，那些算得上"强人"的人，却在一刻也不停止地努力，一直到

恰到好处的做人方式

达自己的目的地。

　　每次在听别人谈论某人的成就时，不禁令人心生羡慕。但我们却不知成就高的人，他们最大的成就不是在于创造的成果，而是在于日以夜继地不断奔跑。他们能挡住路上的诱惑；受得一路的艰辛；抵住刺骨的寒冷；忍住满身心的伤痛。成功的人永远比他人做得更多，当一般人放弃的时候，他们却在坚持；当别人享受休闲的乐趣时，他却在刻苦；当别人正躺在床上呼呼大睡时，他却已投入了工作和学习中。

　　人生就是一个奔跑的过程，我们不要自暴自弃，我们不要怨天尤人，我们只有一个目标，到达终点，到了一个类似于海边的地方停下来欣赏一下再继续跑另一条路，跑的过程中一定会有追随者，也有诽谤者，但我们只管享受我们跑的动作就可以了。在这个过程中，无须你自己去记录，别人会帮你拍下照来做成相册。

　　上帝给谁的幸运都不会太多，面对不佳的际遇、一时的坎坷，一些人总是抱怨命运的不公，却不能正视自己，冷静地审视自我，问一问是否已经将自己磨炼成一块熠熠生辉足以让人一目了然的金子。

方式92　不要期望别人替你保守秘密，
　　　　　把它存在自己心里

关键词：倾诉·保守秘密·心事

适用情景：肚子里装不住话、有一点点喜怒哀乐之事就想找个人说说的人需学习运用此方式。

　　普通人有一个共同的毛病：肚子里搁不住心事，有一点点喜怒哀乐之事，就总想找个人谈谈；更有甚者，不分时间、对象、场合，见什么人都把心事往外掏。

有这样一个实验，有人在办公室里故意告诉身边一个人一条无关紧要的花边新闻，结果很快，这个新闻就通过别人传开了。

所以，你不要期望别人为你保守秘密，假如你果真有什么秘密的话，请把它保存在自己的心里。尤其应该警惕的是，如果你在事业上有什么想法或者野心，在它成为人所共知的事实之前，决不适于与任何人分享。

李达是一家电脑公司的技术人员，跟老板相处得就像哥们儿。一天下午，李达加班到很晚，老板请他吃晚饭。几杯酒下肚，李达头脑一热，说他也想开一家电脑公司。

老板一愣，但很快恢复了常态，并鼓励李达说："年轻人就应该有闯劲儿，我支持你。"李达说："我现在的技术还说得过去，但对销售还是一知半解。"老板说："一边工作一边学习嘛。凭你的能力，再干上两年就能独当一面了。"李达说："你放心，两年之内我是不会走的。"

一周后，公司又招聘了一名技术人员，李达也接到了解聘通知。李达一脸茫然，找老板询问。老板一本正经地说："在我的公司里，你已经没有什么需要学习的了。你应该多干几家公司，多积累点经验。我是从你的自身发展考虑才忍痛割爱的。"

李达蓦然省悟自己为什么被炒鱿鱼了，都是因为自己跟老板交心，才让老板抓住如此"富有人情味"的把柄！

不管关系多么亲密，老板永远是你的老板，他是"资"方，你是"劳"方，你们很难有共同的利益和共同的语言。在老板面前，自然要出言谨慎，那么，对于身边的同事，是否就可以畅所欲言了呢？

回答仍然是否定的。

比如，当你刚来到一个新的工作环境，你和一位同事互有好感，两人一起外出午餐，有说有笑，无所不谈。同事可能乐意把公司的种种问题，甚至每一位同事的性格都说给你听，你本人对公司的人事情况一无所知，自然也很珍惜这样一位"知无不言，言无不尽"的朋友，立即把对方视为知己，将

恰到好处的做人方式

平时看到的不顺眼、不服气的事向对方倾吐，甚至批评其他同事和上司，借以发泄心中的闷气。

如果对方能为你保守秘密，问题自然不大。但是，你对这位同事了解多少呢？你怎么知道他不会把你的话传出去呢？所以，你对自己并不完全了解的人说话要有所保留，能说三分的话，千万不要说到四分。切忌心血来潮时把秘密告诉不合适的人，因为真正的秘密只能由一个人知道，不然，你就可能受到伤害。

当你和别人共同拥有一个秘密时，你往往会因这个秘密同对方拴在了一起。这对你灵活机动地处理事情是一个障碍，在处理一件事时，你往往要考虑他的利益，这往往使你做出违背原则的事。同时，对方可能会在关键时刻，拿出你的秘密作为武器回击你，让你在竞争中失败。

而且心事的倾吐会泄露一个人的脆弱面，这脆弱面会让人改变对你的印象，虽然有的人欣赏你"人性"的一面，但有的人却会因此而下意识地看不起你，最糟糕的是脆弱面被别人掌握住，会形成他日争斗你时的致命伤，这一点不一定会发生，但你必须预防。

其次，有些心事带有危险性与机密性，例如你在工作上承担的压力与牢骚，你对某人的不满与批评，当你快乐地倾吐这些心事时，有可能他日被人拿来当成"修理"你的武器，你是怎么吃亏的，连自己都不知道。

那么，对好朋友应该可以说说心事吧？答案还是：不可随便说出来。你要说的心事还是要有所筛选，因为你目前的"好朋友"未必也是你未来的"好朋友"，这一点你必须了解。

即使是对家里人，也不可把心事说出来。假如你的配偶对你的心事的感受与反应并不是你能预期的，譬如说，他因此对你产生误解，甚至把你的心事也说给别人听。

然而，紧闭心扉，心事"滴水不漏"也不是好事，因为这样你就成为一个城府深、"心机"沉、不可捉摸与亲近的人了。如果你本就是这样的人，那无太大关系，如果不是，给了别人这种印象是划不来的。

所以，真正有"心机"的人应该这样做：偶尔也要说说无关紧要的"心事"给你周围的人听，以降低他们对你的揣测与戒心。

任何人，若能在保守秘密这个问题上处理得当，就不会因泄露秘密而把事情搞得复杂化，或者使自己陷入身败名裂的境地，从而保持着良好的个人形象，成就一番事业。

方式 93 做一个好的听众

关键词：侧耳倾听·拉近距离·听众

适用情景：只想要别人听自己说话的人，需运用此方式。

当一名优良的听众，也就是当一名善于让对方开口说话的人。首先要听别人说话，这便是了解别人的第一步。

只有幼儿园的小孩子和不懂世事的人，才会只想说自己的事情而不愿倾听他人说话。尤其是现在，总觉得不愿意听他人说话、而只想要别人听自己说话的人是越来越多了。就因为这样的人增加了，能够侧耳倾听，便成了拉近与他人距离的重要技巧。只是听对方说说话而已，他便会有好心情，而且对倾听自己说话的人带有好感。

接受心中有烦恼或者情结的人来咨询的心理医生，便是彻底地担任起倾听者的角色。提供建议也只是局限在最小限度，而将大部分的时间都用在了听对方说话上。

在说话中，对方可以整理自己的心情，还会因为有人倾听并且理解自己，而产生一份安心感，内心也可以得到抚慰，从而可以打起精神。

有的时候就只是因为这样而使问题得到解决、烦恼消失，所以倾听的力量是不容忽视的。然而事实上这并非心理医生的特殊技术。

恰到好处的 做人 方式

当有什么烦恼的时候，就只是因为朋友或亲近的人倾听自己说话，心中便舒畅许多，相信这样的经验许多人都曾经有过。通过敞开胸怀说出来，有时候便可以抓到解决问题的线索，内心变得更加舒畅。

与人见面说话时，首先应该避免"我如何如何"的自我意识，倾听对方说话，将重点放在"倾听"上。不妨说："昨天有这样的事情，你觉得如何？"等等，制造让对方开口的机会，这也很重要。

仔细听他说话，便可以发现对方所关注的问题。如果一边以"嗯，嗯"回应对方的谈话，一边却在想别的事情，这样的话就太可惜了。特别是当对方正在用心说话的时候。

你要专心地听别人的说话。这样一来，对方的想法、知识、感受等应该就会显现出来。或者其中大多是无趣、陈词滥调的想法、到处都有的资讯或者平凡的感情也说不定，但是，无论多么愚蠢的人，总还是有可能说出一两个令人刮目相看的想法的。

能够侧耳倾听，成为一名优良听众，知识和资讯就会自然地向你靠拢过来，你也一定会有意想不到的收获的。

第十五章

恰到好处地收放

得意之时不可忘乎所以，要能收能放

"风水轮流传"，我们每个人都可能有因为表现出色而坐在聚光灯下的时候。

人生得意本是一件好事，也是你大展宏图的一个好的契机。但是这时候我们要明白，这个位子你能坐上去，别人同样也能坐上去，为了不使自己跌下来的时候太难看，得意之时更要学会夹着尾巴做人。

方式 94 得意之时不可太过张狂

关键词：得意之时·忘乎所以·贪得无厌

适用情景：当一个人得意风光之时，需学习运用此方式。

《菜根谭》上曾描绘过这样一种境界：官爵不要太高，不一定要达到位极人臣，否则就容易陷入危险的境地；自己得意之时也不可过度，不能得意忘形，否则就会转为衰颓。

郑武公有两个儿子。他的夫人武姜讨厌大儿子，却对小儿子极尽偏爱，经常请求武公改立少子为继承人，不过武公没有答应。

武公死后，长子继位为庄公。在母亲的要求下，庄公把东方一个地势险要的大城封给了弟弟。武姜一心想让小儿子共叔段做郑国国君，两人便相约要里应外合，起兵推翻庄公。在母亲的授意下，共叔段开始积极地巩固军备，招兵买马，聚众贮粮，只待一举攻入都城，杀掉庄公，自立为王。

共叔段扩张势力的消息传回国都，臣下都劝庄公应预先防范。郑庄公为人城府极深，早知其弟心怀不轨，但考虑到弟弟还没有叛逆的具体行动，若自己先动手，反倒成了残害手足，落人话柄。于是庄公制止了臣下的发言，说：

"所谓'多行不义必自毙'，如果他真干了坏事，将来只有自取灭亡——不信的话，你们等着看吧。"

过了一阵子，有人禀报共叔段命令四周的边邑听从他的号令，臣属在他的势力下。庄公知道后点了点头，自有算计，装做不在意的样子。看到庄公闷不吭声，共叔段还以为他无能，就干脆占领了那些边邑。这时大臣又纷纷进言，一致建议出兵征讨。庄公认为时机还未成熟，故意沉下脸来，斥责大臣们说：

恰到好处的做人方式

"少了几座城池算什么！我不愿违反母亲的心意，也不能伤害兄弟的情分啊！"

不久之后，共叔段城固粮足，兵甲充善，计划偷袭郑国都城，并串通好母亲武姜，由她打开城门作为内应。庄公表面上若无其事，其实暗中早已布置妥当，做了周全的准备。在探知他们即将发动叛乱的消息后，终于告诉臣下说：

"现在可以动手了。"便调集大军，前往攻伐。

共叔段没料到庄公先发制人，因此还没举兵就失败了，仓惶逃往共城。共城是共叔段自己的属地，但城小兵微，耐不住庄公大军压境，没多久便告失陷。共叔段见大势已去，再无后路，便拔剑自杀了。

郑庄公面对弟弟共叔段的夺位企图看似不动声色，实际上是在寻找及建立战场的制高点。换句话说，他必须在两件事上面掌握优势：

其一，在舆论上取得优势。身为一国之君，掌有强大的军队，要消灭心怀不轨的弟弟简直易如反掌。但因为天下人不知他弟弟的意图，因此若主动攻击，会落人话柄，说他不能容忍他弟弟，这对他的统治权威是有影响的。因此他让弟弟由偷偷摸摸而明目张胆地做叛乱准备，主要是为了收集证据，取得舆论的优势，建立他日攻打弟弟时的正当性。

其二，在战术上取得优势。郑庄公以鸭子划水的若无其事制造他弟弟对他的错误判断，认为他无能，因而起了傲慢之心并降低警觉性——这两者都是兵家大忌！而一切都在庄公掌握之中，因此不费吹灰之力便消灭了他弟弟的叛乱企图。

如果一个人眼中只有一己私利，趁自己有权有势的得意之时，不顾国家、百姓的利益，只盯在钱、权上，遇事贪欲过重，则会被人利用这一弱点被打败。忍贪是明智的表现。而"欲擒故纵"则是击败贪者的制胜之道。

春秋末年，晋国有一个当权的贵族叫智伯。他虽名叫智伯，其实一点都不聪明，相反，却是个蛮横不讲道理、贪得无厌的人。他自己本来有很大一块封地，他还嫌不够。有一回，他平白无故地向魏宣子索要土地。

魏宣子也是晋国一个贵族，他很讨厌智伯的这种行为，不肯给他土地。

他的一个臣子叫任章，很有心计。任章对宣子说："您最好给智伯土地。"

宣子不理解，问："我凭什么要白白地送给他土地呢？"

任章说："他无理求地，一定会引起邻国的恐惧，邻国都会讨厌他。他如此利欲熏心，一定会不知满足，到处伸手，这样便会引起整个天下的忧虑。您给了他土地，他就会更加骄横起来，以为别人都怕他，他也就更加轻视他的对手，而更肆无忌惮地骚扰别人。那么他的邻国就会因为害怕他、讨厌他而联合起来对付他，那他便不能这样长久骄横下去了。"

任章说到这里，停顿了一下，见宣子点头称是，似有所悟，便又接着说："《周书》上说，'将要打败他，一定要暂且给他一点帮助；将要夺取他，一定要暂且给他一点甜头，'说的就是这个道理。所以，我说您还不如给他一点土地，让他更骄横起来。再说，您现在不给他土地，他就会把您当做他的靶子，向您发动进攻。您还不如让天下人都与他为敌，使他成为众矢之的。"

宣子听后非常高兴，马上改变了主意，割让了一大块土地给智伯。

智伯尝到了不战而获的甜头，接下来，便伸手向赵国要土地。赵国不答应，他便派兵围困晋阳，把赵国包围了。这时，韩、魏联合，趁机从外面攻进去，赵在里面接应，里应外合，内外夹攻，智伯便灭亡了。

如果一个人贪得无厌，总是提出无理的要求，我们要打击他，那么请注意不要操之过急。首先，要以退避保存实力，获得舆论的支持。当把对手惯得嚣张跋扈、旁观者都看不下去的时候，才可以顺风行船、干净漂亮地赢得这一场战争。如此，才会胜得没有后患。

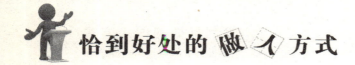

方式95 内心淡定，花环前不昏头，挫折前不低头

关键词：名利荣辱·知足常乐·适可而止

适用情景：当取得成就或遭遇挫折时，需学习运用此方式。

当一个人的内心足够强大、充分认识到自己人生的目标和责任时，他就可以平淡地看待外界的名利荣辱，才能随遇而安，适可而止，知足常乐。

第十四届韩国棋圣战五番棋决赛第五局比赛在韩国棋院结束，李昌镐以三比二击败了他的恩师曹薰铉，实现了十一连冠。赛后接受记者采访时，他却不知道这已是他连续第六次在棋圣挑战赛中击败恩师了，对十一连冠更是浑然不知。他说："我从来没有特意去记住在哪个比赛中和谁下过棋，或者是第几次夺冠……"原来，在李昌镐的心中，根本就没有任何"霸业"，他所想的只是把棋下得更好。

李昌镐，28岁，但已经称雄棋坛10余年，被称作"世界围棋第一人"。行家说：论天分，很多棋手与李昌镐不相上下；论棋力，也有不少棋手与之难以分伯仲。那么，他们这些人为何屡屡败于李昌镐呢？原因就在李昌镐的绰号上——石佛。无论面前的阵势是优是劣，李昌镐都如泥塑石雕一般，心中只有棋，无意身外事。这种定力，是棋谱中找不到、棋院里也学不到的。保持自我宁静，集中思想可使我们消除与思想毫不相干的念头，这样就达到了通常所说的"专注"的境地。当一个人"专注"地去做一件事时，沉浸在自己的天地里，不会为过去的种种光环所左右，对于以往所有的成功，既不能让别人给"捧杀"了，更不能被自己所"捧杀"。保持宁静，就是走向成功。

内心淡定，不但要求一个人在鲜花掌声中不昏头，同时在困窘之中也要保持自己的风骨，切忌一遭打击就垂头丧气，破罐子破摔。

宠辱不惊，是一种阅历繁华之后的恬静和冲淡，是一种笑看人生风云变幻的洒脱，同时也是一种遇事镇静沉着的稳健和气度。急于出头露面，急于做出政绩，急于出众，这是许多人在社会上的表现，这是一种思想不成熟的表现。古往今来，能成大业的人，有时干出轰轰烈烈的壮举，有时也可能一败涂地，不管是顺境还是逆境，他们往往心态平和，泰然处之。得意时不张狂，失意时不怨恨，这是一种智慧，更是一种境界。

有一句话是这样说的："20 岁时，我们顾虑别人对我们的想法；40 岁时，我们不理会别人对我们的想法；60 岁时，我们发现别人根本就没有想到我们。"这并不是人生中的消极态度，而是一种积极的人生哲学——学会放弃内心里的顾虑，我们才能轻松愉快地走自己的路。

对于现实生活里的小人物，宠辱不惊的另一层意义，是以这种人生的大境界，来化解做人处世的小烦恼。

生活中常有这样的场景：

你的西装上不小心蹭上了一点污渍，于是整个下午你都非常尴尬，唯恐有同事发现你身上的不雅之处。其实，他们都在忙自己的事儿，没有谁会过分关注你。

在会议中，你发言的时候有些紧张，一开头竟然结巴了两句，于是你一直非常懊恼，以为领导会因此看轻了你的实力。其实，他考虑的是整体方案的优劣，根本就没有注意到你的言辞及风度。

在生活中，每个人关心的重点都是和自己切实相关的事儿，根本不会注意别人身上小小的异常。我们大部分人只是自己心中的主角，对于别人来说无关紧要。这并不是一种悲哀，它可以提示我们要轻松自在地往前走，要知道，很多烦恼都是自己给自己制造的。

当我们知道自己并不是生活的中心人物时，会有几分失落，但同时会丢掉包袱，轻装上阵。

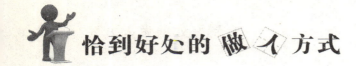

方式 96 不为虚名所累

关键词：虚名·名誉·以人为本

适用情景：当一个人沉醉在已经取得的名誉上不思进取时，需学习运用此方式。

虚名和虚荣在某些方面有一定的区别，虚荣是一种内心的虚幻荣耀感，会使人脱离现实看世界；而虚名是别人加给的一种名誉，或者个人心中希望获取的荣誉。一般来说，名与实是相符的。一个人的名声和他实际所做的贡献是相等的。但是，有些人获得了名誉之后，就不再发展自己的才能，也不再做出自己的贡献，这种名誉就和实际渐渐地不相符合了，也就成了虚名。

做人如果被虚名所累，就会使人放弃努力，沉醉在他已经取得的名誉中，不思进取，最后一事无成。

中国古代有一个《伤仲永》的故事，说的就是被虚名所误的人生教训。

仲永小时候是个神童，过目不忘，能吟诗作赋，被人称颂，成为一时的名人。可是在他成名之后，沉醉在虚名之下，不再刻苦努力学习，渐渐地长大成人之后，他就和一般人一样了。他的那些天赋、才能也都离他而去了，一生无所作为。这就是虚名可以毁掉人生的例子。

还有一些人取得名誉之后，就不顾自己的实际，拼死拼活地要维护自己的名誉，结果，早早地就被名誉累死，这实际上是得不偿失的。

一位作家极看重自己在公众心目中的形象，得了肝病，不愿告诉别人，也不去诊治，将病情当秘密一样守护，唯恐自己给人留下一个弱者的印象，结果到了挺不住的那一天为时已晚，被人送进医院不到两个月便与世长辞，年龄不过 43 岁。可以说，他是被自己的名气累死的。

　　名誉毕竟是人的身外之物，虽然很重要，但是人的生命更重要。为了追求身外之物的名誉，而影响、损害，甚至送掉性命，就是舍本逐末。我们社会上有很多先进人物，他们常常在这种名誉下生活得很苦很累，失去了常人生活的乐趣，总是想着自己的一言一行、一举一动都要符合自己的身份，这就像给自己戴上了名誉的枷锁，失去了生活的自由，也失去了生命的本真。

　　不为虚名所累，就是一切以人为本，该怎么做就怎么做，该追求自己的人生目标，就不要被眼前的花环、桂冠挡住了前面的道路，你应该毫不犹豫地抛开这一切身外之物，走自己的路，干自己的事，不因小成就妨碍自己的大成功，这样，才能使你获得真正的荣誉。

第十六章

恰到好处地使权

不可以权压人，要与下属"携手"完成工作

"一朝得了势，就把令来行"，是典型的小人嘴脸。这种人没有想过，今天你得势，明天失势了如何？今天你占据主动，在你的高压之下，下面的人又会做何反应？

权力本是一把双刃剑，我们应当将其往好的方面引导。以你手中的权力为基础，平衡各方面的关系，整合各方面的力量，与人携手完成大业。

权力只是一时，而做人是一辈子的事。

方式 97 不要以强权制下，要以心换心

关键词：领导艺术·情感管理·以心换心

适用情景：作为领导，要想让部下对你尽忠，需运用此方式。

鲁定公问孔子："君主怎样使唤臣子，臣子怎样侍奉君主呢？"孔子回答说："君主应该按照礼的要求去使唤臣子，臣子应该以忠的标准来侍奉君主。"

孔子答复鲁定公的话中，意思是说，你不要谈领导术，一个领导人要求部下能尽忠，首先要从自己衷心体谅部下的礼敬做起。礼包括很多，如仁慈、爱护等，这也就是说如果上面对下面尽心，那么下面对上面自然也忠心。俗语说，人心都是肉做的，一交换，这忠心就换出来了。

领导活动是一种人与人之间的交往活动，领导者和被领导者则是这一活动中相互作用的主体。人是有血有肉的，在相互的交往中必然会产生情感上千丝万缕的联系。现代心理学研究表明，情感是一种双向交流的心理现象，有所予才会有所得。如果你拥有某种权力，那不算什么权力，不能征服的是人心；如果你有一颗富于同情的心，那你就会拥有许多仅靠权力所无法获得的人心。中国人最为重要的心理特征之一，就是讲究人心、人情。俗话说，以心换心，讲的就是情感之间的真诚交流。

1961 年某日深夜，总理办公室灯火通明。周恩来总理紧锁双眉，不断来回踱步。方才，中国人民解放军火箭部队司令员的紧急报告，深深地震动了周总理的心：火箭部队即将断粮！战士们在用沙枣叶充饥……总理心急火燎，走到电话机前，抓起话筒就说："接粮食部！"电话接通了，粮食部部长汇报了粮食库存。数字不多，确实不能再动用了。总理缓缓放下了话筒。

第二天一早，周总理亲自来到正在举行的中央军委会议的会场，和大家一见面，就十分沉重地说："同志们，今天我不是来做指示，而是来'化斋'

的，为我们火箭部队的将士们'化斋'来了。"望着周总理严肃的面容，听着他那低沉的声音，全场一片沉默，与会者各个正襟危坐，凝神屏息。

"现在，火箭部队眼看要断粮了。他们是全军的宝贝疙瘩，他们的事业直接关系到国防事业的发展。希望各大军区像关心小兄弟一样，勒紧腰带，支援他们……他们断粮的消息，我刚刚知道。让士兵们挨了饿，我这个当总理的对不起大家，对不起火箭部队……"

会场里那些身经百战的老将军、各大军区司令员，默默无语，一个个望着敬爱的周总理，望着他那由于连续熬夜而布满红丝的眼睛，都握紧了拳头：困难再大，也一定要省下粮食，支援火箭部队。

会后不久，各大军区支援的军粮陆续运到北京。一个月后，一列火车满载着各大军区将士的心意，满载着他们支援的第一批粮食和干菜，从北京出发，呼啸长鸣，驶向大西北——火箭部队驻地。

美国前总统尼克松在《领袖们》一书中写道："我所认识的所有伟大的领导人，在内心深处都有着丰富的感情。"换一种说法，这些伟大的领导人很有人情味，很善于关心下属、理解下属。是的，只有做一个善待下属、富有人情味的领导，才有可能攀升到"伟大"的高度，才能征服下属的心，永远为你尽忠效力。

一般而言，人们总是真心实意地对待对自己友好的人。一个关切的问候、一句温馨的话语、一次举手之劳的微小帮助，就会使人们感到莫大的慰藉，感到人与人之间真诚与友爱的温暖，感到领导确实是在诚心诚意地为事业、为他们尽心尽责。这样，双方的关系就会逐渐深化，领导的权威、威信就会进一步提高。反之，如果一味高压制下，不但得不到下属的拥戴，更可能横生祸端。

三国时期，长飞脾气暴烈，动不动就在喝醉酒后打骂士兵，士兵们敢怒而不敢言。

关羽败走麦城之后，被东吴所杀。张飞为替兄长报仇，凭借权力提出了不合理要求，限令军中3天以内置办白旗白甲，挂孝讨伐东吴。负责制造盔甲的两员大将范疆、张达因为期限太急，就向张飞乞求宽限几天，张飞不但不听，竟然把二人打得满口出血，并命令道："一定要按期完成，若超过期限，就杀了你们示众。"

二人知道根本不可能按期完成，便商议："与其他杀我们，不如我们杀了他。"于是，二人就联合起来把张飞杀了。

张飞之所以被部下杀死，与他平时的高压、蛮横是分不开的。平常下属们就是"敢怒而不敢言"，更何况在他急切报仇之时？

张飞此人，为人有血性，有肝胆，讲究兄弟情谊，对蜀国更是一片忠心。但是对部下，他却忽略了一个"礼"字，一味以强权制下，忘了每个人的承受能力都是有限的。

一般人常说"有理走遍天下"，意思是，只要你站在"理"这边，便可以在人性丛林中畅行无阻。

真的是这样子吗？

事实上，真的可以让人"走遍天下"的还在于"礼"。"理"是刚的，但"礼"却是柔的。

"礼"就是礼貌，更确切地说，应是包含着客气、谦卑的对别人的尊重。

人都有自我，也都先想到"我"，这是人性丛林的法则，而你的"礼"，基本上就满足了对方的自我，他感受到你对他的"尊重"，不管你有理无理，路就为你开了！这是一种很奇妙的人性现象，很不可思议，但却是事实！

此外，"礼"是一种平和的、内敛的动作，不会激起对方的防卫意识，因此你的路便出现了很大的回旋空间，而且别人永远不会把你当成敌人，这是"有理"的人所无法做到的。所以，很多办不通的事，有了"礼"就通了！

成就越高的人，越是有礼，当然他们也都有"理"，不过，他们都把"理"藏在"礼"里面，或是跟在"礼"的后面！

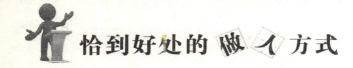

恰到好处的 做人 方式

方式98 不要用强硬的态度去命令下属

关键词: 命令·摆架子·尊重

适用情景 任何事情都用命令的方式去指使下属的领导需学习运用此方式。

有一本介绍"心理技巧"的书,其中提到,有一次在美国田纳西州的州长选举中,兄弟二人双双出马竞选。哥哥以吻婴儿般的微笑战术来扩大支持者的层面;相对的,弟弟却对于这些漂亮的姿势一概不采用。当他站在讲台上时,边摸着口袋边对听众说:

"你们谁可以给我一支香烟?"

结果是弟弟大胜。

选民们因为弟弟平易近人,向普通百姓要香烟而支持他。这也可说是使用"给"这句话,让图谋心理立场得以逆转的手段之一。

有些领导喜欢摆架子,任何事情都用命令的方式去指使下属,殊不知,这是一种缺乏领导艺术的行为。人有一种逆反心理,越是强硬的命令,越是不愿意服从。然而,同样是上司的命令,如果用"拜托"这句话来扭转彼此的身份,人的反抗心理便会微乎其微,常常不会感觉出这是命令。

在职场上,有一种语言叫"职务语言",这是一种什么样的言语呢?

比如上司把部属叫到桌旁:"喂!你,听说你不听经理的命令。"怎么听也是上司的口吻,又如:"这是经理的命令"或"你有什么了不起的,你不过是个普通职员"等。这种"职务言语",不用说就知道,很容易招致职员们的强烈反抗心理。

但是,如果反用这种"职务言语"的话,却可使得公司内人际关系融洽许多。

有一位上司很会使用暗示语言：他的妻子打来电话，说女儿很想晚上去看一场音乐会，而他此时却无法抽身去买票。恰好秘书小黄送文件过来。

"小黄，听说你对音乐很内行是吗？"

"哪里，不过是我的业余爱好罢了。"

"大明音乐厅今天晚上有一场贝多芬音乐会知道吗？"

"是吗？那太好了，经理，咱俩一起去吧！"

"好啊，顺便多买两张票，我让我爱人和女儿也去凑凑热闹。"

"好，经理，我请客！"

我们从上例可以看到，有些事并不适宜用命令去处理。不过，如果用命令的口气，叫小黄去买音乐票并陪他听音乐，小黄也可能去买，然而效果可就相差十万八千里啦。

又如经理交给部属某件工作时，故意走到部属的桌旁，说："有一件事想拜托你……"

经理本来应该用命令的语气，却对部属称"拜托"，由于措辞使得立场、身份逆转过来，如此一来，部属便产生了干劲儿，更卖力于被委托的工作。

公司中居下属地位的人，经常对上级抱有坏印象。但上级如果冠以"先生"来称呼下级，那么彼此之间的情势便会扭转过来，使他抱有优越感，对上级尊敬、信赖。

总之，在工作场所，为了巧妙调动部属，不让他们把命令当命令，用足语言魅力是非常必要的。

当权者更要把握好为人处世的分寸，做每一件事情的时候，都要尽量考虑到别人的感受和可能的反应。

有一个电视剧，讲述一群芭蕾舞演员应征百老汇歌剧院的舞蹈主角。经过了几天严格的审察过程，许多演员都被淘汰了，结果只留下两名。又经过一番审察，到了最后，其中一人又被淘汰了。当然评审委员不能直言相告那位被淘汰的演员，于是对她说："你的舞艺实在不错，并且非常有潜力，将来的成就必定不可估量，但本剧所需的角色，可能不适合你。因为我们需要一位较为活泼的演员，与你的个性不太符合。但你不用担心，我们还会有新的剧本，必定会有更好的角色等待你来发挥。希望你再继续努力，等待我们的通知。"

这真是令人伤感的场面，被人拒绝是一件极其悲痛的事，因为这往往显示自己的能力无法获得别人的认可，对一个人的伤害是可想而知的。不过那位芭蕾舞演员十分的幸运，虽然没有得到好的角色，虽然被淘汰了，但却没有因此伤及个人的自尊心，她心中的希望也并未因此而破灭。

当需要裁员时，高明的主管总是把因由推归于公司的经营状况欠佳、专业思路调整、大的市场环境等。反正中心意思不外乎是：你的能力足够，只是目前对我们不太适合。即使听者心知肚明，感觉苦涩，但总算是没把一个人的自尊剥夺干净，留了个以后相见的余地。

领导者有时故意做出某个举动，把自己降到普通人的地位，甚至通过语言的表达，使对方格外受尊重，这是借着立场的逆转，满足对方的虚荣心。

方式99 对下属要投注情感

关键词：感情投资·关心下属·维护尊严

适用情景：欲想成为一个好的领导者，需学习运用此方式。

对于某些"在位"的人来说，裁判别人就像吃一顿家常便饭那样容易，反省自己却比登天还难，所以总是会陷于被人裁判、被人批评的沼泽中。裁判别人之前，先反省一下自己，看看自己够不够坐在这个位子上的资格。

因为特殊的地位，有时候，当权者看似一些不以为然的小事，对属下来说却是犯了一个不小的错误。

唐朝时，清明时节有拔河比赛的游戏。方法是用一根大麻绳，两头各系上十多根小绳，几十个人拽着小绳各向两边用力，以力量的强弱来分胜负。

　　当时，唐中宗在梨园，叫陪同他的大臣拔河。七宰相、二驸马为东朋，三相、五将为西朋。仆射韦巨源、少师唐休璟因年老无力随绳倒地，长时间没能起来，中宗看着他们的笨样子，忍不住大笑起来。

　　虽说那是家天下的时代，但对那些国家的栋梁之材，也不能这么戏耍呀？用对弄臣小丑的态度对待这些安邦治国的大臣，正直的人会认为这是一场折辱，压抑了满腔的抱负；谄媚的小人，会因此心安理得地堕落下去，把陪君王娱乐当成自己的正业。

　　如此有百害而无一利的事儿，今天依然有人接着做，让机要秘书帮儿子写作文的，让高级职员出去买盒饭的，都属于这一类。

　　领导对于下属，不仅仅是在工作上的领和导，要想把你的事业干好，要想下属在你需要他的时候积极地为你办事，在工作之外，在下属的生活方面，你也应该给予一定的关爱。特别是下属碰到什么特殊的困难，如意外事故、家庭问题、重大疾病、婚丧大事等，作为领导，在这种时候，伸出温暖的手真可谓雪中送炭。这时候，下属会对你产生一种刻骨铭心的感激之情。并且，他会时时刻刻想着要报效你，时时刻刻像一名鼓足劲儿的运动员，只等你需要他效力的发令枪一响，他就会冲向前去。

　　如果领导者认为下属为自己办事理所当然而不去融洽关系，只是一味地敷衍戏弄，那他日后遇到困难，下属也可能会吝于伸出援助之手。这一点作为领导者都应记取。

　　每个人都有自己的尊严，每个人都希望别人看得起自己，把自己当做一个真正的人看待。而领导对下属的关心，对下属投注感情，尤其是对下属私事方面的关怀与照顾，可以使他们的这种尊严得到满足，甚至让他们感激涕零，誓死效劳。

　　为官者大都深知感情投资的奥妙，不失时机地付出一些感情投资，对于拉拢和控制部下为自己办事往往收到异乎寻常的效果。

恰到好处的做人方式

民国年间，身为"北洋之父"的袁世凯在统御部下方面很注重感情投资。

早在小站练兵的时候，袁世凯就从天津武备学堂搜罗了一批军事人才。其中最著名的有3个人：段祺瑞、冯国璋、王士珍。后来他们都成了北洋系统中叱咤风云的人物。袁世凯为了让他们对自己感恩戴德、为其所用，可谓煞费苦心。

袁世凯在创办新军时，相继成立了3个协（旅），在选任协统时，他宣布采用考试的办法，每次只取一人。

第一次，王士珍考取。

第二次，冯国璋考取。

从柏林深造回国的段祺瑞，自认为才能非凡，却连续两次没有考取，对他来说，只有最后一次机会了。第三次考试前，他十分紧张，担心再考不上。第三次考试前一天的晚上，正当段祺瑞闷闷不乐地坐着发呆时，忽然传令官来找他，说是袁大人叫他去。段祺瑞不敢懈怠，立即前往帅府。袁世凯让他坐下，东拉西扯，谈了些不着边际的话。临走，袁世凯塞给段祺瑞一张纸条，段祺瑞心中纳闷，但又不敢当面拆开看。于是急忙回到家中，打开一看，不觉大喜，原来是这次考试的试题。

段祺瑞连夜准备，第二天胸有成竹地参加考试。考试结果一出来，他果然高中第一名，当了第三协的协统。

段祺瑞深感袁世凯的大恩，决心誓死相随，终身相报。

后来，段祺瑞、冯国璋、王士珍都成了北洋军阀政府的要人。段祺瑞谈起当年袁世凯帮他渡过难关的事，仍感恩不尽。谁知冯国璋、王士珍听了，不觉大笑。原来王、冯二人考试前也得到过袁世凯给的这样的纸条。

袁世凯这种办法，可谓妙不可言，既可以使提拔的将士报恩，又能使没升官的将士心服口服，便于统率，还给被提拔者创造了很高的声誉。

由此可见，对下属投注感情，尤其是对下属私事方面的关怀与照顾，可以使他们的这种尊严得到满足，甚至让他们感激涕零，誓死效劳。